GOBIERNO DE HONDURAS

HONDURAS Y NICARAGUA: UN CONFLICTO TERRITORIAL (1905)

ALEGATO ANTE EL REY DE ESPAÑA

ERANDIQUE
COLECCIÓN

HONDURAS Y NICARAGUA: UN CONFLICTO TERRITORIAL (1905): ALEGATO ANTE EL REY DE ESPAÑA
GOBIERNO DE HONDURAS

©Colección Erandique
Supervisión Editorial: Obed García/Óscar Flores López
Diseño de portada: Andrea Rodríguez
Administración: Tesla Rodas—Jessica Cordero
Director Ejecutivo: José Azcona Bocock
Primera Edición
Tegucigalpa, Honduras—Enero de 2026

ANTECEDENTES DEL CONFLICTO

LOS REPRESENTANTES DE LA REPÚBLICA DE HONDURAS EXPONEMOS:

Durante gran parte del siglo XIX, Honduras y Nicaragua mantuvieron una disputa persistente por la definición de sus límites territoriales, especialmente en la región oriental y la costa atlántica. Aunque ambos países compartían un pasado común dentro de la Capitanía General de Guatemala y luego en la Federación Centroamericana, la disolución de esta última en 1838 dejó abiertas varias ambigüedades heredadas del período colonial. Nicaragua comenzó a formular reclamaciones territoriales desde 1858, inicialmente por zonas puntuales como el Valle del Espino, pero con el tiempo amplió sus pretensiones hacia extensos y estratégicos territorios hondureños, incluidos los comprendidos entre los ríos Segovia, Patuca y el Cabo de Gracias a Dios.

Honduras, por su parte, sostuvo siempre que los límites entre ambas naciones habían sido fijados de manera clara y definitiva por la Corona española en el siglo XVIII, especialmente mediante reales cédulas que delimitaban la jurisdicción de la provincia de Honduras hasta el Cabo de Gracias a Dios. A lo largo de décadas, el gobierno hondureño intentó resolver la controversia por medios pacíficos: intercambios diplomáticos, comisiones mixtas, convenios preliminares y tratados bilaterales. Sin embargo, estos esfuerzos fracasaron repetidamente, ya sea por desacuerdos en la interpretación de los documentos históricos o por la negativa nicaragüense a reconocer la fuerza jurídica de las disposiciones coloniales invocadas por Honduras .

Ante la imposibilidad de alcanzar una solución definitiva, ambos Estados acordaron someter el diferendo al arbitraje de Su Majestad el Rey de España, considerado la autoridad más idónea por ser heredero de los archivos, las leyes y la tradición jurídica que dieron origen a

1

las antiguas provincias centroamericanas. En este alegato —o memoria— Honduras expone de manera sistemática su defensa, apoyándose en cédulas reales, actos continuados de jurisdicción civil, militar y eclesiástica, mapas históricos y testimonios de autores reconocidos, para demostrar que Nicaragua basaba sus reclamaciones más en la ocupación de hecho que en el derecho. El texto busca, así, no solo reivindicar la integridad territorial hondureña, sino también afirmar el principio de que los límites entre las naciones deben fundarse en títulos legítimos y en la historia documentada, y no en avances graduales o consumados por la fuerza.

Este alegato —o memoria— no es solo una pieza jurídica, sino también un ejercicio de reconstrucción histórica. En él se articulan reales cédulas, decretos de las Cortes españolas, mapas antiguos, testimonios de cronistas, actos administrativos, disposiciones eclesiásticas y pruebas de jurisdicción efectiva, con el propósito de demostrar que el territorio disputado formó parte integrante de la provincia de Honduras antes de la Independencia y continuó siéndolo después de ella. Frente a la ocupación de hecho y a las pretensiones graduales, Honduras reivindica el principio del derecho histórico, apoyado en documentos públicos no contradichos por otros de mayor fuerza.

La decisión de someter la controversia al arbitraje del Rey de España no fue casual. España conservaba en sus archivos la documentación fundamental para esclarecer los límites de sus antiguas provincias americanas y representaba, además, una autoridad moral y jurídica reconocida por ambas repúblicas. En ese gesto se expresa también una voluntad política: resolver un conflicto potencialmente grave sin recurrir a la guerra, mediante el recurso al derecho, a la historia y a la razón.

Leído hoy, este texto ofrece varias capas de sentido. Es, en primer lugar, un testimonio de la diplomacia centroamericana y de los esfuerzos por construir Estados nacionales sobre bases jurídicas sólidas. Es también una fuente indispensable para comprender el origen de las fronteras actuales entre Honduras y Nicaragua y las tensiones que las rodearon. Pero, además, es una lección sobre la fragilidad de los acuerdos heredados y sobre la importancia de la memoria histórica en la defensa de la soberanía.

El alegato de Honduras fue presentado en Madrid, ante el Rey de España, y por la vía diplomática, no en Centroamérica. Con más precisión:

- El arbitraje fue aceptado formalmente por ambos Estados conforme a la Convención de 1894.
- Una vez acordado que el árbitro sería Su Majestad el Rey de España, los alegatos, mapas y documentos debían presentarse en España, donde residía el monarca y donde se encontraban los archivos coloniales fundamentalespara resolver la controversia
- Honduras preparó su alegato escrito y lo remitió oficialmente a Madrid, a través de los canales diplomáticos, para que fuera examinado por el Rey y por los asesores jurídicos y técnicos que lo asistían en el proceso arbitral.

Con la edición, Colección Erandique busca acercar el documento a los lectores contemporáneos, preservando su contenido esencial y su valor histórico, pero invitando a una lectura reflexiva. Más allá del desenlace del arbitraje, el alegato hondureño permanece como una afirmación firme del derecho, de la legalidad y de la necesidad de que los conflictos entre pueblos hermanos se resuelvan mediante el diálogo y el respeto a la historia común. En un tiempo en que las fronteras vuelven a ser objeto de disputa en distintas regiones del mundo, este texto recuerda que la paz duradera se construye sobre el conocimiento, la justicia y la voluntad de entendimiento.

ALGUNAS ZONAS EN CONFLICTO

1. LA REGIÓN ORIENTAL DE HONDURAS (COSTA ATLÁNTICA / MOSQUITIA)

Fue el **núcleo más importante del conflicto**. Nicaragua reclamaba amplios territorios de la costa atlántica que Honduras consideraba propios desde la época colonial, especialmente los comprendidos entre el **río Segovia (o Coco)** y el **Cabo de Gracias a Dios**, zona estratégica por su acceso al Caribe y sus recursos naturales

2. EL ÁREA ENTRE LOS RÍOS SEGOVIA (COCO) Y PATUCA

Nicaragua intentó en distintos momentos que la frontera se fijara en el **río Coco** o incluso más al oeste, y posteriormente avanzó la pretensión de llevarla hasta el **río Patuca**, lo que habría significado la pérdida para Honduras de vastos territorios hoy correspondientes a **Olancho, Colón y El Paraíso**

3. EL CABO DE GRACIAS A DIOS Y SU JURISDICCIÓN

Este punto fue **clave y simbólico**. Honduras sostuvo que el Cabo de Gracias a Dios había sido históricamente el **límite oriental de la provincia de Honduras**, fijado por reales cédulas del siglo XVIII. Nicaragua, en cambio, intentó desplazar la frontera hacia el oeste, llegando incluso a reclamar zonas situadas **decenas de leguas más allá del cabo.**

SÍNTESIS

El conflicto giró principalmente en torno a la **Mosquitia hondureña, la costa atlántica, el Cabo de Gracias a Dios y los territorios comprendidos entre los ríos Segovia y Patuca**, tanto en la costa como en el interior montañoso.

A SU MAJESTAD EL REY DE ESPAÑA

LOS REPRESENTANTES DE LA REPÚBLICA DE HONDURAS EXPONEMOS:

A la República de Honduras, que hasta el año de 1821 formó parte de la Capitanía General de Guatemala, que después de esta fecha con Guatemala, El Salvador, Nicaragua y Costa Rica compuso la Federación de Centroamérica, y que al disolverse ésta, el año de 1838, asumió su soberanía y es hoy una nación independiente, hace como cuarenta y siete años que su vecina la República de Nicaragua le viene promoviendo cuestiones por límites, no obstante que, como lo demostraremos, éstos los fijó de una manera clara y definitiva Su Majestad el Rey de España, a mediados del siglo XVIII.

Para honra de los Poderes Públicos de uno y otro país, conviene reconocer que aun cuando en muchas ocasiones una causa cualquiera origina una guerra en Centroamérica, las cuestiones de límites entre Honduras y Nicaragua se han procurado siempre resolverlas por la vía pacífica, ya por medio de notas diplomáticas, de tratados o por comisiones nombradas al efecto por los respectivos Gobiernos.

Aunque sea a la ligera haremos una reseña de todos los medios que se han puesto en práctica para fijar los límites entre una y otra República, a fin de que con la mayor claridad se vea la parte de la línea en cuestión que se somete al fallo de Su Majestad el Rey de España.

La primera vez que Nicaragua reclamó a Honduras terreno, fundada en la obscuridad de linderos, fue el año de 1858, según se ve en los documentos siguientes, que existen en el Libro Copiador de Actas del Ministerio de Relaciones Exteriores de Honduras:

"SUPREMO GOBIERNO DEL ESTADO"
Comayagua, marzo 4 de 1861.

"Se dio cuenta con un despacho fecha 7 del mes pasado del Ministro de Relaciones Exteriores del Gobierno de Nicaragua, relativo a manifestar que las autoridades de San Marcos, de esta República, han repetido recientemente sus intrusiones en el Valle del Espino, que se asegura forma parte del territòrio de aquel Estado, y se acordó contestar que hoy mismo se sobrecarta la nota que en 14 de diciembre de 1858 se dirigió al Jefe Político del Departamento de Choluteca, a quien se ha ordenado el exacto cumplimiento de lo dispuesto en ella, so pena de hacerlo responsable, según se verá por la copia que se acompaña; que con el objeto asimismo de cortar definitivamente todo reclamo que pudiera sobrevenir por no estar tal vez demarcada claramente la línea divisoria de las dos Repúblicas en el punto en que se tocan por el Valle referido, el Gobierno ha dispuesto se manifieste al de Nicaragua que, si le pareciere bien, nombrar un comisionado que concurra a la frontera para que, en unión de otro que nombre el de esta República, fijen y determinen la línea; y que se espera aviso oportuno para hacer concurrir al que debe representar por este Estado."

Y adelante prosigue:

"Dígase al Jefe Político del Departamento de Choluteca que, con motivo de la nota fecha 21 de noviembre del año 1858 que el Ministro de Relaciones de Nicaragua pasó al Gobierno, se dirigió a aquella Jefatura la comunicación que ahora se le sobrecarta para su puntual cumplimiento, y que como últimamente, con fecha 7 del mes pasado, el Gobierno de Nicaragua ha dirigido al de esta República, manifestando que las autoridades de San Marcos han repetido recientemente sus intrusiones en el Valle del Espino, el Gobierno ha tenido a bien disponer se le ordene el exacto cumplimiento de las disposiciones contenidas en la nota referida, mientras los dos Gobiernos acuerdan la manera de fijar la línea de los respectivos países, para lo cual ya se excita en esta fecha por el mismo Gobierno al de Nicaragua. (f) Guardiola."

El Valle del Espino, territorio insignificante que está frente al pueblo de San Marcos de Colón, distante del océano Pacífico como unas cuarenta leguas, fue el origen de nuestra cuestión de límites con

Nicaragua, y de que hoy esta República nos dispute una gran parte y lo más rico del territorio hondureño.

Procediendo el Gobierno de Honduras con la lealtad que le ha caracterizado en estas cuestiones de límites, emitió con fecha 22 de enero de 1869 el acuerdo en que nombró los comisionados que, de acuerdo con los de Nicaragua, debían trazar la línea divisoria entre ambas Repúblicas. Confiada en su buena fe, Honduras no se concretó solo al Valle del Espino, porque supuso que al Norte o al Sur del punto indicado podría haber otros lugares de límites dudosos, aunque muy insignificantes, pues ni mención se hizo de ellos; y porque además, queriendo Honduras amojonar toda su línea, era muy natural que a esta operación concurriera siempre su colindante la República de Nicaragua.

Los artículos 1.º y 2.º del acuerdo dicen:

"Nómbrase comisionado especial por parte de Honduras al señor Lic. don Francisco Medina, y al señor Ingeniero Van Severan, para que asociado a la Comisión expresada (la nicaragüense) trace el mapa de toda la frontera y pueblos limítrofes de esta República con la de Nicaragua.

Los gobernadores de Olancho, Tegucigalpa y Choluteca mandarán fabricar piedras de media vara de cuadro y dos de largo para establecer los correspondientes mojones en la línea, a una legua o milla de distancia entre sí, según convenga, cuya fabricación inmediata verificarán las Municipalidades fronterizas con sus fondos respectivos."

Los comisionados de Honduras y el de Nicaragua se reunieron en San Marcos de Colón, pueblo de Honduras fronterizo a Nicaragua, con fecha 4 de julio de 1869, y por no ser oportuno el tiempo para sus trabajos, celebraron un Convenio preliminar de límites, que someterían a sus respectivos Gobiernos, con el fin de que, si fuese aprobado, conforme a él levantarían el mapa de toda la frontera, trazando la línea divisoria. Nada tuvo que observar el Gobierno sobre la parte Sur de la línea, es decir, la que va por los terrenos inmediatos al Pacífico; pero no así respecto a la del Norte, que la improbó abiertamente.

La 7.ª base de las ocho que contiene el Convenio preliminar lesiona los derechos territoriales de Honduras, puesto que deja en Nicaragua el río Coco o Segovia, dice:

"Ambos Comisionados fijan su atención sobre si el río del Coco, hasta su desembocadura en el Atlántico, sea línea limítrofe entre las dos Repúblicas; y observando que Nicaragua ha estado en posesión exclusiva de este río y puerto de su nombre, la línea divisora en esta extremidad será paralela al dicho río sobre la cresta Norte de la montaña que forma uno de los bordes de su cuenca, siguiendo el mismo rumbo Este, hasta tocar con el océano Atlántico."

Al darse cuenta de semejante convenio, ni siquiera lo tomó en consideración el Congreso de Honduras. Téngase presente que la única razón que presentó Nicaragua en apoyo de su derecho al río Coco era que estaba en posesión de él.

Fracasado el Convenio preliminar de la manera que queda expuesto, continuaron las negociaciones tendentes al trazo de la línea. El 30 de junio de 1870, el Gobierno de Honduras comisionó al señor licenciado don Ramón Uriarte para que arreglara con el de Nicaragua la cuestión de límites jurisdiccionales. Se dieron instrucciones precisas al señor Uriarte, y con ellas y sus plenos poderes se trasladó a Managua, capital de Nicaragua. El señor Uriarte no era hondureño ni conocía nada del territorio de Honduras. Así fue que en el Tratado que celebró en Managua el 1.º de septiembre de 1870, con el representante de Nicaragua don F. Ferrer, permutó un pueblo de Honduras por otro de Nicaragua, y cedió a esta República, por el lado del Atlántico, más de lo que había dado la Convención preliminar de 1869, contra las instrucciones terminantes que tenía. Tanto disgusto produjo este Tratado en el país, que el señor Uriarte, tal vez por esto, no se atrevió a regresar a Comayagua, capital entonces de Honduras, a dar cuenta verbalmente de su comisión, sino que lo hizo desde León, Nicaragua, en una larga nota que el 1.º de octubre dirigió al señor Ministro de Relaciones Exteriores de Honduras. Este tratado, como era natural, no lo aprobó el Congreso de Honduras.

Por el término de diez y siete años ninguno de los dos Gobiernos movió la cuestión de límites para ponerle término, hasta en 1887, con motivo de haber ejercido jurisdicción en la cuenca de la quebrada de Licuala, de San Marcos de Colón, el jefe de una sección de tropa hondureña. El Gobierno de Nicaragua creyó que la cuenca de dicha quebrada pertenecía a aquella República, y después de algunas notas que se cruzaron las Cancillerías hondureña y nicaragüense, se convino en nombrar Comisionados de una y otra parte para trazar la línea divisoria en el punto disputado. Todo se arregló amigablemente, con vista de los títulos de los terrenos colindantes, y el 11 de febrero de 1888 se celebró en el pueblo de Duyure, Honduras, la Convención de límites que concluyó con la cuestión, y que fijó parte de los de Nueva Segovia, Nicaragua, y de Choluteca, Honduras.

El 24 de enero de 1889 se firmó en Managua una Convención de Arbitraje por Ministros de Nicaragua y de Honduras, con el fin de **llevar a efecto de la manera más equitativa y amistosa la demarcación de las fronteras de los dos países, por el lado del Norte y en la parte de la línea occidental que no entró en el deslinde verificado el 11 de febrero de 1888, y para resolver la cuestión pendiente sobre el territorio comprendido entre el río Patuca y el Segovia.** Lo que va escrito en letra negrita es copia textual del preámbulo de la Convención. Explicaremos cuál era esta cuestión pendiente: En 1875 y 1887, el Ministro de Relaciones Exteriores de Nicaragua dirigió reclamaciones a la Cancillería de Honduras por los territorios del Cabo de Gracias a Dios, las que fueron contestadas victoriosamente en los mismos años por los Ministros de Relaciones Exteriores de Honduras; y en el año de 1888 la República de Nicaragua dio un decreto en el que fueron dictadas disposiciones sobre la Mosquitia hondureña, lo que motivó una protesta del Gobierno de Honduras. Así es que la cuestión pendiente del preámbulo de la Convención la constituyen reclamaciones de Nicaragua, acompañadas de actos de posesión de hecho en territorio hondureño.

Esta Convención, que nunca se llevó a la práctica, establece que si no pueden demarcarse los límites de una y otra República por medio de Comisionados, los puntos dudosos se sometan a arbitraje: señala los procedimientos del árbitro, y da a éste seis reglas conforme a las cuales debe pronunciar su laudo.

Llegamos, por último, a la Convención de 1894, en virtud de la cual Honduras y Nicaragua someten a Su Majestad el Rey de España el trazo de la línea divisoria en los terrenos de la costa atlántica. Esta Convención fue concluida a raíz del tiempo de la revolución que contra el Gobierno de Honduras encabezó el licenciado don Policarpo Bonilla, y fue firmada en Tegucigalpa por el Plenipotenciario don César Bonilla, Ministro de Relaciones Exteriores de Honduras, y por don José Dolores Gámez, Enviado Extraordinario y Ministro Plenipotenciario de Nicaragua.

He aquí el texto de dicha Convención, que fue ratificada por los Congresos respectivos:

"Decreto número 32. La Asamblea Nacional Constituyente, decreta:

"Artículo único. Apruébase la Convención celebrada por los Gobiernos de esta República y Nicaragua, para la demarcación de límites entre ambos países, cuyo contexto es el siguiente: Los Gobiernos de las Repúblicas de Honduras y Nicaragua, deseosos de terminar de una manera amigable sus diferencias acerca de la demarcación de límites divisorios que hasta hoy no ha podido verificarse, y deseosos también de que tan enojoso asunto se resuelva a satisfacción de ambos, con toda cordialidad y con la deferencia que corresponde a pueblos hermanos, vecinos y aliados, han creído conveniente celebrar un Tratado que llene esas aspiraciones; y al efecto, han nombrado a sus respectivos Plenipotenciarios: el señor Presidente de la República de Honduras, al señor doctor don César Bonilla, su Secretario de Estado en el Despacho de Relaciones Exteriores; y el señor Presidente de la República de Nicaragua, al señor don José Dolores Gámez, su Enviado Extraordinario y Ministro Plenipotenciario ante las Repúblicas de Centroamérica, quienes, habiendo examinado y encontrado bastantes sus respectivos plenos poderes, han convenido en los artículos siguientes:

"Artículo I. Los Gobiernos de Honduras y Nicaragua nombrarán comisionados que, con la autorización correspondiente, organicen una Comisión Mixta de Límites, encargada de resolver de una manera amigable todas las dudas y diferencias pendientes, y de demarcar sobre el terreno la línea divisoria que señala el límite fronterizo de ambas Repúblicas.

"Artículo II. La Comisión Mixta, compuesta de igual número de miembros por ambas partes, se reunirá en una de las poblaciones fronterizas que ofrezca mayores comodidades para el estudio, y allí principiará sus trabajos, ateniéndose a las reglas siguientes:

"1.ª Serán límites entre Honduras y Nicaragua las líneas en que ambas Repúblicas estuvieren de acuerdo o que ninguna de las dos disputare.

"2.ª Serán también límites de Honduras y Nicaragua las líneas demarcadas en documentos públicos no contradichos por documentos igualmente públicos de mayor fuerza.

"3.ª Se entenderá que cada República es dueña del territorio que a la fecha de la Independencia constituía respectivamente las provincias de Honduras y Nicaragua.

"4.ª La Comisión Mixta para fijar los límites atenderá al dominio del territorio plenamente probado, y no le reconocerá valor jurídico a la posesión de hecho que por una u otra parte se alegare.

"5.ª En falta de la prueba de dominio se consultarán los mapas de ambas Repúblicas y los documentos geográficos o de cualquiera otra naturaleza, públicos o privados, que puedan dar alguna luz, y serán límites entre ambas Repúblicas los que con presencia de ese estudio fijare equitativamente la Comisión Mixta.

"6.ª La misma Comisión Mixta, si lo creyere conveniente, podrá hacer compensaciones y aun fijar indemnizaciones para procurar establecer, en lo posible, los límites naturales bien marcados.

"7.ª Al hacer el estudio de los planos, mapas y demás documentos análogos que presenten ambos Gobiernos, la Comisión Mixta preferirá los que estime más racionales y justos.

"8.ª En caso de que la Comisión Mixta no pudiere acordarse amigablemente en cualquier punto, lo consignará por separado en dos libros especiales, firmando una doble acta detallada, con cita de lo alegado por ambas partes, y continuará su estudio sobre los demás puntos de la línea de demarcación, con prescindencia del punto indicado, hasta fijar el término divisorio en el último extremo de la misma línea.

"9.ª Los libros a que se refiere la cláusula anterior serán enviados por la Comisión Mixta, uno a cada Gobierno de los interesados, para su custodia en los archivos nacionales.

"Artículo III. El punto o los puntos de demarcación que la Comisión Mixta de que habla el presente Tratado no hubiere resuelto serán sometidos, a más tardar, un mes después de concluidas las sesiones de la misma Comisión, al fallo de un arbitramento inapelable, que será compuesto de un representante de Honduras y otro de Nicaragua, y de un miembro del Cuerpo Diplomático extranjero acreditado en Guatemala, electo este último por los primeros o sorteado en dos ternas propuestas, una por cada parte.

"Artículo IV. El arbitramento se organizará en la ciudad de Guatemala, en los veinte días siguientes a la disolución de la Comisión Mixta, y dentro de los diez días inmediatos principiará sus trabajos, consignándolos en un libro de actas que llevará por duplicado, siendo ley el voto de la mayoría.

"Artículo V. En el caso de que el Representante Diplomático extranjero se excusare, se efectuará la elección en otro dentro de los diez días inmediatos, y así sucesivamente. Agotados los miembros del Cuerpo Diplomático extranjero, la elección podrá recaer, por convenio de las Comisiones de Honduras y Nicaragua, en cualquier personaje público, extranjero o centroamericano; y si este convenio no fuere posible, se someterá el punto o los puntos controvertidos a la decisión del Gobierno de España, y en defecto de éste a la de cualquiera otro de Sudamérica en que convengan las Cancillerías de ambos países.

"Artículo VI. Los procedimientos y términos a que deberá sujetarse el arbitramento serán los siguientes:

"1.º Dentro de los veinte días siguientes a la fecha en que la aceptación del tercer árbitro fuere notificada a las partes, éstas le presentarán, por medio de sus abogados, sus alegatos, planos, mapas y documentos.

"2.º Si hubiere alegatos, dará traslado de ellos a los respectivos abogados contrarios dentro de los ocho días siguientes a la presentación, concediéndoles diez días de término para rebatirlos y presentar los demás documentos que creyeren del caso.

"3.º El fallo arbitral será pronunciado dentro de los veinte días siguientes a la fecha en que se hubiere vencido el término para contestar alegatos, háyanse o no presentado éstos.

"Artículo VII. La decisión arbitral votada por mayoría, cualquiera que sea, se tendrá como Tratado perfecto, obligatorio y perpetuo entre las altas partes contratantes, y no se admitirá recurso alguno.

"Artículo VIII. La presente Convención será sometida en Honduras y Nicaragua a las ratificaciones constitucionales, y el canje de éstas se verificará en Tegucigalpa o en Managua, dentro de los sesenta días siguientes a la fecha en que ambos Gobiernos hubieren cumplido con lo estipulado en este artículo.

"Artículo IX. Lo dispuesto en el artículo anterior no obsta en manera alguna para la organización inmediata de la Comisión Mixta, que deberá principiar sus estudios, a más tardar, dos meses después de la última ratificación, de conformidad con lo que se ha dispuesto en la presente Convención, sin perjuicio de hacerlo antes de las ratificaciones, si éstas se tardasen, para aprovechar la estación seca o del verano."

"Artículo X. Inmediatamente después del canje de esta Convención, háyanse o no principiado los trabajos de la Comisión Mixta, serán nombrados por los Gobiernos de Honduras y Nicaragua los representantes que en conformidad del artículo IV deben formar el arbitramento, para que, organizándose en Junta preparatoria, nombren el tercer árbitro y lo comuniquen a los Secretarios de Relaciones respectivos, a fin de recabar la aceptación del nombrado. Si éste se excusare, se procederá en seguida al nombramiento de un nuevo tercer árbitro en la forma estipulada, y así sucesivamente hasta quedar organizado el arbitramento.

"Artículo XI. Los plazos señalados en el presente Tratado para nombramiento de árbitros, principio de estudios, ratificaciones y canje, lo mismo que cualesquiera otros términos en él fijados, no serán fatales ni producirán nulidad de ninguna especie. Su objeto ha sido dar precisión al trabajo; pero si por cualquiera causa no pudieran atenderse, es la voluntad de las Altas Partes Contratantes que la negociación se lleve adelante hasta terminarla en la forma aquí estipulada, que es la que creen más conveniente. A este fin convienen en que este Tratado tenga la duración de diez años caso de interrumpirse su ejecución, en cuyo término no podrá reverse ni modificarse en ninguna manera ni podrá tampoco dirimirse la cuestión de límites por otro medio.

"En fe de lo cual, los Plenipotenciarios de las Repúblicas de Honduras y Nicaragua firman en dos ejemplares que autorizan con sus respectivos sellos, en la ciudad de Tegucigalpa, a los siete días del mes de octubre de mil ochocientos noventa y cuatro, año septuagésimo cuarto de la Independencia de Centroamérica.

(L.S.) (f) CÉSAR BONILLA. — (L.S.) (f) JOSÉ D. GÁMEZ

Dado en Tegucigalpa, en el Salón de Sesiones, a los diez y nueve días del mes de abril de mil ochocientos noventa y cinco.

(f) P. H. BONILLA, Presidente.

GREGORIO REYES   CARLOS TORRES
Secretario   Secretario

Al Poder Ejecutivo. — Por tanto: Ejecútese.

Tegucigalpa, 22 de abril de 1895.

(f) P. BONILLA.

El Ministro de Relaciones Exteriores, (f) CÉSAR BONILLA."

Esta Convención no obstó para que, en los días en que se trataba de ratificarla o acababa de serlo, publicara Nicaragua un mapa , en que aparece que su territorio llega hasta el lado oriental de la boca de la laguna de Caratasca, distante del cabo de Gracias a Dios unas veintitrés leguas en línea recta.

Durante la administración del licenciado don Policarpo Bonilla, los Abogados de las respectivas Comisiones se concentraron a estudiar la cuestión con vista de los documentos que tenían, y que fueron adquiriendo; y la Comisión Mixta de Límites se instaló en San Marcos de Colón el 24 de febrero de 1901. Desde esa fecha comenzó sus trabajos sobre el terreno, y logró en poco más de un año trazar y amojonar las dos terceras partes de la línea, las que aparecen en las actas divididas en tres secciones: una desde el Amatillo, en donde termina la línea divisoria marítima que viene desde el punto medio de la bahía de Fonseca, en el Pacífico, hasta el cerro El Variador; la segunda llega hasta Las Manos; y la tercera concluye en el Portillo de Teotecacinte.

En este Portillo comenzó la divergencia: no obstante los documentos auténticos presentados por Honduras y que pudieron servir para continuar el trazo de la línea, y la falta de documentos de Nicaragua, los Comisionados de ésta no se allanaron a abandonar los ricos territorios de Honduras en la costa atlántica, que de algunos años posteriores a la Independencia, y aun a la ruptura del Pacto Federal de 1838, han venido adquiriendo de hecho, como lo demostraremos en su lugar oportuno.

Habla la Comisión de Honduras:

(ACTA V, levantada en Danlí el 4 de julio de 1901)

"Del Portillo de Teotecacinte, término de la tercera sección de la línea divisoria ya demarcada, y lugar donde se forma una de las principales cabeceras del río Limón, la línea limítrofe continúa aguas abajo por el cauce de este río, hasta donde se une con el río Guineo; sigue la corriente de las aguas por el cauce común, llamado río Poteca, hasta su confluencia con el río Segovia; de allí por el centro del propio río Segovia hasta llegar a un punto situado a veinte leguas geográficas de distancia recta y perpendicular de la costa atlántica, el cual punto corresponde aproximadamente con el encuentro del río Túncara y el mismo río Segovia; en ese punto se deja este último río, y la línea cambia hacia el Sur sobre un meridiano astronómico hasta intersectar el paralelo de latitud geográfica que pasa por la desembocadura del río de Arena y de la laguna de Sandy-Bay, sobre el cual paralelo prosigue la línea hacia el Oriente, desde la indicada intersección hasta el océano Atlántico.

"Fundan esta proposición en las descripciones y demarcaciones de Indias, hechas por reales cronistas de España: en la determinación de los límites de las antiguas provincias de Honduras y Nicaragua manifestada en documentos públicos por el Presidente y Capitán General del Virreinato de Guatemala, por las autoridades superiores de las provincias referidas, y por ingenieros reales conocedores de su territorio: en el hecho de que la colonia y puesto militar del Cabo de Gracias a Dios y su distrito formaban parte integrante del territorio de Honduras antes del año 1821, según aparece de los acuerdos, resoluciones e informes de las autoridades reales y actos de jurisdicción civil y eclesiástica ejercidos allá por las de Honduras: en los mapas de Centroamérica levantados durante el período colonial y después de él, que gozan de mayor autoridad; y, por último, en las leyes 7.ª, Título II, Libro II, y 1.ª, Título I, Libro V de la Rec. de Leyes de Indias, Reales Cédulas de 23 de agosto de 1745, de 24 de julio de 1791, decreto de las Cortes Generales de España, fecha 8 de mayo de 1821, y otras disposiciones reales y documentos que omiten enumerar aquí por ser este demasiado prolijo; constituyendo todo lo relacionado la base fundamental de los derechos soberanos de Honduras en la región limitada por la línea descrita."

Hablan los comisionados de Nicaragua:

(ACTA V, levantada en Danlí el 4 de julio de 1901.)

"El Comisionado y el Ingeniero de Nicaragua proponen que desde el punto señalado en el Portillo de Teotecacinte la línea divisora debe de continuar por la cima de la cordillera, siguiendo la línea o arista que divide las aguas pluviales a uno y otro lado: que esta línea debe determinar en el portillo donde nace la fuente que forma el río Frío; debe de seguir el cauce de dicha fuente y río, al cual en el valle se le junta el Guayambre, y después el Guayape; continúa aquí sobre el mismo río que allí se llama Patuca; sigue por el medio de las aguas hasta encontrar el meridiano que pasa por el cabo Camarón, y sigue este meridiano hasta internarse en el mar, dejando en Nicaragua Swan Island. La proposición hecha por parte de Nicaragua está fundada en disposiciones legales, documentos históricos auténticos, en razones geográficas admitidas por el Tratado y reconocidas por ambos pueblos; y en todo cuanto puede constituir el dominio y sumo imperio de una nación. La Comisión nicaragüense se limita a hacer una indicación general de los documentos y razones que tiene en su apoyo, pues serán extensamente aducidos ante el arbitramento."

Como según la regla 2.ª del artículo II de la Convención de Límites de 1894, que dice: "Serán también límites de Honduras y Nicaragua las líneas demarcadas en documentos públicos no contradichos por documentos igualmente públicos de mayor fuerza"; y como las disposiciones legales citadas por la Comisión hondureña no fueron contradichas por la nicaragüense, hicieron constar en el acta los Comisionados de Honduras que no estiman como punto de desacuerdo, según la Convención de Límites, la demarcación que estuviese hecha en Cédulas Reales.

En este Portillo comenzó la divergencia: no obstante los documentos auténticos presentados por Honduras y que pudieron servir para continuar el trazo de la línea, y la falta de documentos de Nicaragua, los Comisionados de ésta no se allanaron a abandonar los ricos territorios de Honduras en la costa atlántica, que de algunos años posteriores a la Independencia, y aun a la ruptura del Pacto Federal de 1838, han venido adquiriendo de hecho, como lo demostraremos en su lugar oportuno.

Habla la Comisión de Honduras:

(ACTA V, levantada en Danlí el 4 de julio de 1901)

"Del Portillo de Teotecacinte, término de la tercera sección de la línea divisoria ya demarcada, y lugar donde se forma una de las principales cabeceras del río Limón, la línea limítrofe continúa aguas abajo por el cauce de este río, hasta donde se une con el río Guineo; sigue la corriente de las aguas por el cauce común, llamado río Poteca, hasta su confluencia con el río Segovia; de allí por el centro del propio río Segovia hasta llegar a un punto situado a veinte leguas geográficas de distancia recta y perpendicular de la costa atlántica, el cual punto corresponde aproximadamente con el encuentro del río Túncara y el mismo río Segovia; en ese punto se deja este último río, y la línea cambia hacia el Sur sobre un meridiano astronómico hasta intersectar el paralelo de latitud geográfica que pasa por la desembocadura del río de Arena y de la laguna de Sandy-Bay, sobre el cual paralelo prosigue la línea hacia el Oriente, desde la indicada intersección hasta el océano Atlántico.

"Fundan esta proposición en las descripciones y demarcaciones de Indias, hechas por reales cronistas de España; en la determinación de los límites de las antiguas provincias de Honduras y Nicaragua, manifestada en documentos públicos por el Presidente y Capitán General del Virreinato de Guatemala, por las autoridades superiores de las provincias referidas y por ingenieros reales conocedores de su territorio; en el hecho de que la colonia y puesto militar del Cabo de Gracias a Dios y su distrito formaban parte integrante del territorio de Honduras antes del año 1821, según aparece de los acuerdos, resoluciones e informes de las autoridades reales y actos de jurisdicción civil y eclesiástica ejercidos allá por las de Honduras; en los mapas de Centroamérica levantados durante el período colonial y después de él, que gozan de mayor autoridad; y, por último, en las leyes 7.ª, Título II, Libro II, y 1.ª, Título I, Libro V de la Recopilación de Leyes de Indias, Reales Cédulas de 23 de agosto de 1745, de 24 de julio de 1791, decreto de las Cortes Generales de España, fecha 8 de mayo de 1821, y otras disposiciones reales y documentos que omiten enumerar aquí por ser este demasiado prolijo; constituyendo todo lo relacionado la base fundamental de los derechos soberanos de Honduras en la región limitada por la línea descrita."

Hablan los comisionados de Nicaragua:

(ACTA V, levantada en Danlí el 4 de julio de 1901)
"El Comisionado y el Ingeniero de Nicaragua proponen que desde el punto señalado en el Portillo de Teotecacinte la línea divisora debe continuar por la cima de la cordillera, siguiendo la línea o arista que divide las aguas pluviales a uno y otro lado; que esta línea debe determinar en el portillo donde nace la fuente que forma el río Frío; debe seguir el cauce de dicha fuente y río, al cual en el valle se le junta el Guayambre, y después el Guayape; continúa aquí sobre el mismo río que allí se llama Patuca; sigue por el medio de las aguas hasta encontrar el meridiano que pasa por el cabo Camarón, y sigue este meridiano hasta internarse en el mar, dejando en Nicaragua Swan Island. La proposición hecha por parte de Nicaragua está fundada en disposiciones legales, documentos históricos auténticos, en razones geográficas admitidas por el Tratado y reconocidas por ambos pueblos, y en todo cuanto puede constituir el dominio y sumo imperio de una nación. La Comisión nicaragüense se limita a hacer una indicación general de los documentos y razones que tiene en su apoyo, pues serán extensamente aducidos ante el arbitramento."

Como según la regla 2.ª del artículo II de la Convención de Límites de 1894, que dice: "Serán también límites de Honduras y Nicaragua las líneas demarcadas en documentos públicos no contradichos por documentos igualmente públicos de mayor fuerza"; y como las disposiciones legales citadas por la Comisión hondureña no fueron contradichas por la nicaragüense, hicieron constar en el acta los Comisionados de Honduras que no estiman como punto de desacuerdo, según la Convención de Límites, la demarcación que estuviese hecha en Cédulas Reales.

No obstante el desacuerdo de la Comisión Mixta, los Presidentes de Honduras y de Nicaragua tuvieron en Amapala una conferencia, con el fin de procurar la terminación del trazo de la línea. Para conseguirlo nombraron representantes, quienes convinieron, el 10 de septiembre de 1902, en que las respectivas Comisiones abrieran de nuevo sus conferencias a efecto de concluir sus trabajos, los que comenzarían en un punto del Atlántico hasta terminar en Teotecacinte, del modo que juzgaran más practicable y conveniente, y con sujeción a las reglas establecidas en la Convención de Límites celebrada entre los Gobiernos de dichas Repúblicas el siete del mes de octubre de mil ochocientos noventa y cuatro.

Según aparece del acta que se copia en seguida, la Comisión Mixta se reunió en el puerto de Amapala el catorce de septiembre de mil novecientos dos, con el fin de reabrir sus conferencias; y por no haberse puesto de acuerdo respecto al punto del Atlántico donde comenzaría la línea divisoria ni disponer de tiempo suficiente para continuarlas, convino en designar la ciudad de Amapala o la de Corinto, Nicaragua, del primero al diez de noviembre próximos para reanudar las expresadas conferencias.

ACTA VII

"En la ciudad de Amapala, a los catorce días del mes de septiembre de mil novecientos dos.

"Reunida la Comisión Mixta de Límites de Honduras y Nicaragua con el objeto de dar cumplimiento al acuerdo celebrado el día diez del mes en curso por los Gobiernos de ambas Repúblicas, en virtud del cual ha sido autorizada para continuar los trabajos de demarcación de la línea limítrofe territorial de los dos Estados comenzando en la costa Atlántica hasta terminar en el Portillo de Teotecacinte, donde concluyó la delimitación hecha precedentemente según el acta de cuatro de julio del año anterior, mil novecientos uno: los vocales de la Comisión por parte de Honduras manifestaron que no obstante que las leyes de la Recopilación de Indias, decretos de las Cortes Generales de España, Cédulas y Órdenes Reales, documentos de valor indiscutible, informes de autoridades y funcionarios coloniales, actos de jurisdicción, mapas de la América Central, narraciones, descripciones y demás documentos que fueron mencionados en el acta precitada, dan derecho para sostener como límite de dichas Repúblicas la línea que propusieron en el acta susorreferida; con todo, en el propósito de corresponder al espíritu de concordia que anima a sus respectivos Gobiernos y en obsequio de los sentimientos de confraternidad que ligan a ambos pueblos, así como en el de procurar una solución satisfactoria de las dificultades suscitadas para fijar amistosamente la línea divisoria de que se trata, están dispuestos a prescindir de la demarcación propuesta por su parte en dicho mes de julio, a fin de que sea fijada otra que concilie los intereses de ambos Estados.

"Los vocales de la Comisión por parte de Nicaragua manifestaron, a su vez, que si bien por la capitulación celebrada entre el Monarca español y Diego Gutiérrez fue señalado el límite entre Nicaragua y Honduras en el río Grande o Aguán que está al Occidente del cabo Camarón, y que por las cédulas reales dirigidas a los Gobernadores de Nicaragua fue confirmada esa demarcación; y en virtud de ellas hay fundamento suficiente para sostener la línea limítrofe por ellos propuesta en el acta prenotada, están, sin embargo, animados de idéntica disposición que sus colegas para prescindir de aquella demarcación, por los motivos y con el fin expresados por la Comisión de Honduras.

"Con presencia de lo que queda expuesto, los vocales de dicha Comisión de Honduras propusieron que se adopte por la Mixta un punto de la costa atlántica que sirva de límite común y desde el cual prosiga la línea divisoria hasta llegar al Portillo de Teotecacinte; y no habiendo sido posible a ambas partes acordarse en esta designación, ni disponiendo de tiempo suficiente para continuar las conferencias, a fin de que cada Comisión fije en dicha costa un punto desde donde parta la línea limítrofe que crea razonable y equitativa, hasta tocar en el portillo precitado, reduciendo en cuanto sea dable y por vía de conciliación las respectivas demarcaciones consignadas en el acta de cuatro de julio antes referida, las dos Comisiones han convenido en designar esta ciudad o la de Corinto para reanudar sus conferencias del primero al diez de noviembre próximo, con el objeto precedentemente explicado.

"En fe de lo cual firman la presente acta.

(f) Pedro J. Bustillo. — (f) E. Constantino Fiallos.

(f) Salvador Castrillo. — (f) Emilio Mueller."

La reunión a que se refiere el acta precedente no pudo efectuarse en la fecha en ella indicada, sino hasta el veintinueve de agosto de mil novecientos cuatro. Por más esfuerzos hechos por la Comisión de Honduras para que la nicaragüense presentara los documentos legales en que funda sus pretensiones, para que fuesen examinados y discutidos y para que se diera exacto cumplimiento al Tratado Gámez-Bonilla, trazando la línea, la Comisión Mixta de conformidad con ellos, nada se pudo obtener. Copiamos textualmente el acta para que se vea el procedimiento de una y otra Comisión.

ACTA VIII

"En la ciudad de Amapala, a los veintinueve días del mes de agosto de mil novecientos cuatro.

"Reunida la Comisión Mixta de Límites de Honduras y Nicaragua, con la concurrencia del Ingeniero don Alberto Membreño, quien por renuncia del de título igual don E. Constantino Fiallos ha sido nombrado para sustituirlo; y habiendo reanudado sus deliberaciones con el objeto que expresa el acta de catorce de septiembre del año de mil novecientos dos, tomó en consideración los argumentos aducidos y los documentos de que se hizo referencia en el acta celebrada por esta misma Comisión en la ciudad de Danlí el día 4 de julio de mil novecientos uno; y no obstante que los Comisionados por parte de Honduras reiteraron los razonamientos en que se fundan para sostener que las reales cédulas de 23 de agosto de 1745, contra las cuales no se ha producido un documento de mayor fuerza que las revoque, modifique o anule en lo que concierne a la demarcación de los límites que fijan para ambas Repúblicas por el lado del Atlántico, los Comisionados de Nicaragua contestaron que tales documentos no son de demarcación, y por tanto no derogan la que se hizo en la Capitulación celebrada con Diego Gutiérrez, confirmada por otras cédulas reales, por lo que no fue posible llegar a acordarse en el señalamiento de la línea limítrofe, comenzando por un punto cualquiera de la costa atlántica.

"Los Comisionados de Honduras manifestaron además que, en su concepto, no se ha dado cumplimiento a las reglas 2.ª, 3.ª, 5.ª, 6.ª y 7.ª de la Convención de Límites, tanto porque sus colegas de Nicaragua no presentaron en las conferencias que precedieron al acta de cuatro de julio citado los documentos, planos, etc., indispensables para procurar un acuerdo, no obstante que de parte de Honduras fueron excitados al efecto, después de poner a disposición de la Comisión Mixta los planos, documentos, etc., que tenía en su poder; como porque apareciendo claramente señalados los límites de las antiguas provincias de Honduras y Nicaragua en las reales cédulas antes citadas, en oposición a lo prevenido por la referida Convención, se desconoce el valor jurídico de aquellas cédulas; y que por estas razones, no obstante las actas de cuatro de julio citado y la presente, no creen llegado el caso de llegar al arbitramento.

"Los Comisionados de Nicaragua agregaron a su vez que ningún documento es desconocido para ambas Comisiones, quienes han discutido por muchos días en Danlí y por otros varios en este puerto sobre el valor jurídico de las cédulas que no demarcan nada, y sobre la interpretación más o menos exacta de ellas; y sobre la más o menos verosimilitud de los mapas antiguos y modernos; y acerca del testimonio más o menos cierto de los autores, ya geógrafos, ya de historia; que después de toda discusión, y visto que no se llegó a una línea aceptable por ambas Comisiones, es que resultó la divergencia, por lo cual, en conformidad del Tratado Gámez-Bonilla, cada Comisión consignó su proyecto de línea divisoria como consta en el acta V; que por todo esto, y deseando los dos Gobiernos, el de Nicaragua y el de Honduras, darle fin a la cuestión de límites con arreglo al mismo Tratado, dictaron sus medidas a efecto de que las dos Comisiones se reuniesen en Comisión Mixta en este puerto, con el objeto de celebrar la última acta y de que se organice el arbitramento que debe resolverla; y que por tanto la Comisión de Nicaragua observa con pena que, a pesar de tales propósitos, insista la de Honduras en oponerse al arbitramento.

"Con lo cual se dio por terminada esta acta.
(f) Pedro J. Bustillo. — (f) Alberto Membreño.
(f) Salvador Castrillo. — (f) Emilio Mueller."

No siendo posible el avenimiento, los Gobiernos de Honduras y de Nicaragua nombraron sus respectivos árbitros, en observancia de lo convenido en el Tratado Gámez-Bonilla. La primera de estas Repúblicas nombró al licenciado don Alberto Membreño, y la segunda a don José Dolores Gámez. Los árbitros se trasladaron a la ciudad de Guatemala, puesto que por el Tratado allá debía constituirse el arbitramento. La junta preparatoria la presidió el señor Ministro de España, por súplica de los árbitros, verificándose en la oficina de la Legación el dos de octubre del año anterior. En ella se resolvió, a propuesta del árbitro de Honduras, someter la cuestión al conocimiento y decisión de Su Majestad el Rey de España.

Con gran satisfacción recibió esta noticia el Excelentísimo señor Presidente de Honduras, porque ningún Jefe de Estado de Europa o América tiene los títulos del Monarca Español para entender en las desavenencias de dos pueblos que no hace mucho tiempo formaban parte de sus dominios. Los ricos documentos que hay en los archivos públicos y privados de España sobre todo lo que atañe a la Colonia; los jurisconsultos competentes de la Península que interpretan fielmente cualquier disposición legal de las antiguas o modernas del Reino, y sobre todo la rectitud del Monarca y las pruebas inequívocas que ha dado del cariño que profesa a estos pueblos, dejan esperar que la suprema resolución que pronuncie sobre este asunto será la más justa, la más acertada y la que más convenga a ambas Repúblicas.

La República de Honduras, apoyada en los documentos que presenta y que en otra parte analizará, pide a Su Majestad el Rey de España se sirva en su laudo fijar la línea divisoria con Nicaragua, de la manera consignada por los Comisionados de Honduras en el acta levantada en Danlí el 4 de julio de 1901, cuyo pasaje conducente por segunda vez reproducimos:

"Del Portillo de Teotecacinte, término de la tercera sección de la línea divisoria ya demarcada, y lugar donde se forma una de las principales cabeceras del río Limón, la línea limítrofe continúa aguas abajo por el cauce de este río hasta donde se une con el río Guineo; sigue la corriente de las aguas por el cauce común, llamado río Poteca, hasta su confluencia con el río Segovia; de allí por el centro del propio río Segovia hasta llegar a un punto situado a veinte leguas geográficas de distancia recta y perpendicular de la costa atlántica, el cual punto corresponde aproximadamente con el encuentro del río Túncara y el mismo río Segovia; en ese punto se deja este último río y la línea cambia hacia el Sur sobre un meridiano astronómico hasta intersectar el paralelo de latitud geográfica que pasa por la desembocadura del río de Arena y de la laguna de Sandy Bay, sobre el cual paralelo prosigue la línea hacia el oriente, desde la indicada intersección hasta el océano Atlántico."

PROCEDIMIENTO DE NICARAGUA, SIEMPRE AVANZANDO SOBRE EL TERRITORIO HONDUREÑO

Bien sabido es que el primer descubridor y conquistador de Nicaragua fue Gil González Dávila, como también que Pedrarias Dávila, al tener noticia de este descubrimiento, mandó una expedición a cargo de Francisco Hernández de Córdoba a conquistar y poblar las tierras descubiertas por aquél. Hernández de Córdoba, en cumplimiento de su comisión, fundó las ciudades de León y de Granada.

Hernando de Saavedra, gobernador de Trujillo por nombramiento de Hernán Cortés, alega que Nicaragua le pertenece, y otro tanto dice respecto de Honduras el conquistador Pedrarias Dávila. Uno y otro invadieron recíprocamente sus territorios, y estas invasiones continuaron aun durante el mando de Diego López de Salcedo, primer gobernador de Honduras nombrado por el Monarca Español.

Pasados estos disturbios, que fueron consecuencia de la ambición de algunos, de la falta de conocimiento de la tierra y de la de reglas, que en aquellos momentos no podían dictar las autoridades superiores, todo quedó en calma, y las autoridades de una y otra provincia ejercieron su jurisdicción dentro de los límites marcados por las leyes, hasta muchos años después de la fecha de la Independencia de la América Central.

Apoyados solo en documentos de Nicaragua nos proponemos en este título poner de manifiesto los avances de esta República sobre el territorio hondureño, cambiando periódicamente su línea conforme ha ido conviniendo a sus intereses.

Hasta el año de 1838 Nicaragua no poseía el Cabo de Gracias a Dios.

El artículo 2.º de la Constitución de Nicaragua de 8 de abril de 1826 dice:

"El territorio del Estado comprende los partidos de Nicaragua, Granada, Managua, Masaya, Matagalpa, Segovia, León, Subtiava y el Realejo. Sus límites son: por el Este el Mar de las Antillas; por el Norte, el Estado de Honduras; por el Oeste, el Golfo de Conchagua, y por el Sudeste, el Estado libre de Costa Rica."

Véase un mapa cualquiera de Nicaragua, inclusive el que está al fin del libro Notas Geográficas y Económicas sobre la República de Nicaragua, por P. Levy, y se notará que por el terreno que ocupaban las tribus no civilizadas de dicha nación y que después pasó a ser Reserva Mosquitia, si el Cabo de Gracias a Dios hubiera pertenecido a Nicaragua habría formado parte del partido de Segovia; pues bien, el partido de Segovia, según el historiador nicaragüense Ayón, llegaba hasta los pueblos del Jícaro y Jalapa, muchas leguas distantes del cabo Gracias a Dios. Las palabras del señor Ayón, consignadas en el tomo III, libro VIII, capítulo I, página 7 de la Historia de Nicaragua, tienen más valor cuanto que al firmar lo que ellas expresan tuvo a la vista el extenso y serio informe que dirigió al Rey el obispo licenciado don Pedro Agustín Morel y Santa Cruz, sobre la visita canónica que él emprendió en enero de 1752 en la diócesis de Nicaragua, recorriendo todos los pueblos del obispado y recogiendo los importantes conocimientos del estado en que se hallaban.

Dice el señor Ayón:

"La visita canónica practicada por el Sr. Morel de Santa Cruz fue de gran provecho a la Iglesia y al Estado, porque penetrado de la necesidad de observar en todo sentido la condición en que los pueblos se hallaban, no solo trató de moralizar en el púlpito la estúpida inteligencia del indígena siempre inclinado a la adoración de sus antiguos ídolos, sino que aplicó también sus observaciones a las seguridades que las autoridades debían dar contra las invasiones de los bárbaros."

"Por esas consideraciones y por la de ser frontera de la provincia, propuso el Obispo al Capitán General como medida de seguridad pública y para establecer el orden en los pueblos del Jícaro y Jalapa dos proyectos de bastante eficacia: el primero, la creación de seis compañías de cincuenta hombres cada una con sus capitanes y provisiones competentes; y el segundo, la formación de ayuntamientos compuestos de dos alcaldes ordinarios, alguacil mayor, dos regidores y fiscal como los demás pueblos de indios y cuya jurisdicción no debería pasar de las últimas casas, a reserva de extenderla con audiencia del Cabildo de Segovia."

El Obispo visitador sabía muy bien hasta dónde llegaban los límites de su diócesis, que eran los mismos de la provincia, pues en diferentes leyes está mandado, y así se hizo, que la jurisdicción eclesiástica y la civil se extendieran a un mismo territorio.

La Diputación provincial de León de Nicaragua y Costa Rica, en 13 de diciembre de 1820, formó un estado demostrativo de los partidos políticos subalternos en que dividió el territorio de la provincia para el establecimiento de jefes políticos; en él tampoco aparece el Cabo de Gracias a Dios.

He aquí la relación de los partidos:

PARTIDO DEL CENTRO O DE LA CAPITAL

La ciudad de León, Subtiava, Nagarote y Pueblo Nuevo, villa del Sauce y Santa Rosa, Somotillo y Villa Nueva de Navía, Matiare, villa de Managua y San Pedro Metapa.

PARTIDO DEL REALEJO

Viejo, Chinandega, Realejo, Telica y Quesalguaque, Posoltega y Chichigalpa.

PARTIDO DE NICOYA

Nicoya y villas de Guanacaste y Santa Cruz.

PARTIDO DE GRANADA

La ciudad de Granada, villa de Masaya, Diriá y Diriomo, Niquinohomo y Santa Catarina y San Juan, Nandaime, Masatepe, Nandasmo y Valle de San Marcos; Jinotega, Diriamba y Santa Teresa; Nindirí, villa de Tipitapa, Teostepe y villa de Acoyapa, Lóvago, Lobiguisca y Juigalpa.

PARTIDO DE NICARAGUA

La villa de Rivas de Nicaragua, pueblo de San Jorge e isla de Ometepe con sus tres pueblos.

El estado agrega:

"El fuerte de San Carlos es un punto militar y aislado para la defensa de la entrada en el gran lago por el río y puerto de San Juan, que no tiene otra población. Se halla a cargo de un comandante militar, debiendo continuar así por ahora."

PARTIDO DE NUEVA SEGOVIA

Tepesomoto, Ocotal; Ciudad Vieja, inocente Jalapa y Xícaro; Totogalpa, Jalaguina y Palacagüina; Telpaneca, Condega, Pueblo Nuevo y Estelí; Matagalpa, aldea de la Santísima Trinidad, ciudad de Sébaco, Muy Muy, San Ramón, Camsapa y Comalapa; Jinotega y Boaco.

PARTIDO DE COSTA RICA

La ciudad de Cartago, Villa Vieja, ciudad de San José de Valle Hermoso; Alajuela, Tres Ríos y Escazú; villa de las Cañas y Bagaces; Barba, Curridabat, Pueblo Nuevo, Boruca y Aserrí; Orosi, Cot, Quircot y Turrialba; villa de Esparza, Atirro, Tucurrique y Matina.

El 28 de julio de 1838 dio Nicaragua un decreto, que contiene veintinueve artículos, en el que reglamentó las aduanas marítimas, del que transcribimos el 1.º y el 20.º:

"1.º Los puertos de San Juan y el Realejo pertenecen al Estado. Las propiedades que se importen y exporten por ellos serán protegidas, sujetándose a las leyes y respetando los fueros del Estado."

"20.º Será por ahora puerto de depósito el Realejo, observando en él lo establecido en la sección 5.ª del arancel. Será igualmente el de San Juan del Norte, cuando tenga los edificios necesarios para el efecto."

Al reglamentar Nicaragua sus aduanas marítimas, tuvo que referirse a todos sus puertos antiguos, a los que tenía entonces, y aunque no estuvieran en condiciones de servir. San Juan del Norte lo era; pero como no tenía edificios, no podía importarse ni exportarse nada por él. El puerto de Cabo Gracias a Dios, cuya fundación databa del siglo anterior, como no era de Nicaragua, no tenía por qué hacerse mención de él en el decreto. Más tarde, en el año de 1840, siéndoles muy difícil a los moradores de Nueva Segovia salir al exterior por aquellos puertos, se mandó abrir el del Coco, sobre el río de este nombre o Segovia.

El notable hombre público nicaragüense don Francisco Castellón, en una circular dirigida a las potencias europeas y a los Estados Unidos, en 25 de septiembre de 1844, en su carácter de Ministro de Honduras y de Nicaragua, con motivo de la usurpación de territorios de estos Estados por fuerzas inglesas en nombre de Su Majestad Británica, afirma que el límite de aquellos países está en el cabo de Gracias a Dios.

Circular expedida a los Gobiernos de París, Bruselas, Madrid, Prusia, Holanda y Estados Unidos de Norteamérica.

"Demostrado esto, me queda solamente que ostentar que los límites de los Estados de Honduras y de Nicaragua son los mismos que habían sido reconocidos cuando estos Estados formaban una provincia del antiguo Reino de Guatemala; es decir, los de Honduras, desde el Estado de Guatemala, por el Oeste, hasta el cabo de Gracias a Dios, por el Este, Sureste y Sur; y desde el Golfo de Conchagua en el mar Pacífico hasta el Océano Atlántico, por el Este, Nordeste y Norte, con sus islas adyacentes en los dos mares; los límites de Nicaragua son: por el Este, el mar de las Antillas; por el Norte, el cabo de Gracias a Dios, que la separa del Estado de Honduras; por el Oeste, el Golfo de Conchagua; por el Sur, el Océano Pacífico; y por el Sudeste, el Estado de Costa Rica, etc.

"Bruselas, septiembre 25 de 1844.

(f) Francisco Castellón."

La declaración que sobre los límites de Honduras y Nicaragua hace el señor Castellón fue aceptada y ratificada por el Gobierno de Nicaragua en documentos oficiales de aquel tiempo, que tendremos más adelante oportunidad de transcribir en lo que fuere conducente; pero sí queremos hacer notar la contradicción que existe entre el representante de Nicaragua, señor Castellón, que manifiesta en un documento por muchos títulos muy importante que los límites de su Nación llegan hasta el cabo de Gracias a Dios, dirigiéndose al Gobierno español, y las pretensiones nicaragüenses actuales, sosteniendo ante el mismo Gobierno español que las fronteras de su República terminan a sesenta leguas al nordeste del cabo de Gracias a Dios, comprendiendo en ellas como la mitad de los departamentos de Colón, Olancho y El Paraíso, en el territorio de Honduras.

Ya se vio el esfuerzo que hicieron los comisionados de Nicaragua el año de 1869 para que en las Bases del Convenio preliminar de límites se aceptara por Honduras una paralela al río Coco sobre la cresta norte de la montaña que forma uno de los bordes de su cuenca. Lo único que alegaron entonces los representantes de Nicaragua fue que aquella República ha estado en posesión exclusiva del río Coco y del puerto de su nombre. El puerto Coco lo mandó abrir Nicaragua el año de 1840; así es que la posesión que alegaba era de veintinueve años. Del cabo de Gracias a Dios al cabo Falso, donde termina la línea pretendida entonces por Nicaragua, hay seis leguas en línea recta.

En mil ochocientos setenta, ya Nicaragua no se conformaba con la línea del año anterior, pues pretendía un poco más del territorio hondureño. Aunque con cierta timidez, ya indicaba que sería conveniente que el límite entre las dos Repúblicas fuera el río Patuca, cuya desembocadura está a treinta y tres leguas del cabo de Gracias a Dios, sobre el territorio hondureño, en línea recta.

Estas fueron las instrucciones que dio el Gobierno nicaragüense a sus comisionados:

"A los señores Comisionados Licenciados don Fermín Ferrer y don Jesús Baca.

"La Comisión que el Gobierno ha confiado a Vdes. para marcar los límites divisorios de esta República y la de Honduras supone instrucciones precisas a las cuales deberían Vdes. sujetar sus operaciones. Pero el Gobierno, teniendo plena confianza en el celo y conocimiento de Vdes., ha tenido a bien autorizarlos ampliamente para que marquen la línea divisoria de la manera más conveniente a Nicaragua, sujetando sus trabajos a la aprobación del Gobierno."

"Siempre será conveniente fijarse mucho en que la línea divisoria sea el río Patuca, límite reconocido antiguamente por varias cartas geográficas con el fundamento de antiguas reales cédulas. Esta indicación, sin embargo, en nada debilita las amplias facultades que se confieren a Vds. para verificar su operación en los términos que he referido anteriormente.

"Quedo de Uds. con toda consideración, atento y seguro servidor.
Por Ministerio de la ley,

(f) AYÓN
Conforme
"Managua, 3 de septiembre de 1870.
(f) AYÓN."

El señor Ayón, que como ministro dio las instrucciones que preceden, como historiador rectificó doce años después, ya que en su Historia de Nicaragua, tomo I, libro II, capítulo I, páginas 61 y 62, señala por límites a Nicaragua el cabo de Gracias a Dios.

Estas son las palabras del verídico e imparcial historiador Ayón:

"De la Punta de Caxinas se encaminó Colón hacia la parte del levante, salvando grandes peligros con vientos y corrientes contrarios y navegando a veces solo dos leguas y a veces cinco. A las sesenta leguas de la Punta de Caxinas, y después de una navegación penosa, por las calmas, se encontró con un cabo que entra mucho en el agua y que, dándosele vuelta, toma nuevamente la costa seguida del mar. A ese punto denominó Colón Gran Cabo de Gracias a Dios, en demostración de gratitud al Ser Supremo por haber salvado la flota de los peligros que la habían amenazado. Así fue descubierto Nicaragua por la parte del Atlántico, el domingo 12 de septiembre de 1502..."

Desde el año de 1873, en que aparecieron las Notas Geográficas y Económicas sobre la República de Nicaragua, obra aprobada por el Gobierno, que ha subvencionado su publicación en español por contrato de 14 de marzo de 1872, según se lee en la portada de dicho libro, aquella timidez con que venía avanzando Nicaragua hacia el territorio hondureño desaparece, y comienzan las reclamaciones de 1875 y de 1887, antes referidas. No obstante ser el señor Levy gran defensor de Nicaragua y quien la ha alentado en sus pretensiones, en su citado libro se lee el pasaje que sigue, de acuerdo con el historiador Ayón:

"De aquel punto en adelante una tempestad tremenda, y que duró cerca de un mes, acometió la flotilla, y varias veces amenazó aniquilarla. Las tripulaciones se hallaban extenuadas, Colón moribundo, los buques casi inútiles, las provisiones averiadas, cuando de repente, el 14 de septiembre de 1502, vieron que la costa formaba un cabo y daba vuelta al Sur, abriéndoles así una navegación libre y desahogada. Al momento la esperanza renace en todos los corazones, cada uno encuentra nuevas fuerzas, y este cabo que todos habían bautizado ya Gracias a Dios, en la Mosquitia hondureña, lo que obligó al Gobierno de Honduras a protestar en los siguientes términos:

"¡NICARAGUA ESTABA DESCUBIERTA!"[1].

Tanto fue el derecho que la obra de Levy concedió a Nicaragua, que en 1887, por medio de un decreto, estableció reglas para la adjudicación de lotes y para dar posesión de los mismos a las personas que los solicitaran en los terrenos comprendidos entre los ríos Patuca y Segovia, es decir, en la Mosquitia hondureña, lo que obligó al Gobierno de Honduras a protestar en los siguientes términos:

"Extrañeza ha causado a mi Gobierno la lectura de ese decreto, cuya copia ha enviado el señor Van Doren, en el cual se dictan disposiciones sobre la Mosquitia hondureña, como si se tratase de un territorio que estuviera bajo la soberanía de Nicaragua, cuando es notorio que pertenece a Honduras, cuyo Gobierno ha tenido y ejercido sobre él, en todas épocas, plena posesión y dominio. Y como mi Gobierno no puede ni debe dejar desapercibido el proceder del de Nicaragua de que hasta ahora ha tenido noticia, es por esto que he recibido instrucciones del señor Presidente de la República para protestar contra el acto del Gobierno de V. E. legislando sobre un territorio que ha estado siempre y está bajo la soberanía de Honduras."

En el Tratado que celebraron los Plenipotenciarios de Honduras y Nicaragua sobre arreglo de límites, en 1889, y de que hemos hecho mención en otro lugar, logró el Representante de esta última República que en el preámbulo del Tratado se dijera que había una cuestión pendiente sobre el territorio comprendido entre el río Patuca y el Segovia, con lo que tal vez creyó obtener alguna ventaja; pero, además de que el expresado Tratado se llama Convención sobre demarcación de fronteras, en el cuerpo de él no se habla ni remotamente de cómo se ha de resolver aquella cuestión pendiente,

---

[1] Notas Geográficas y Económicas sobre la República de Nicaragua, por P. Levy, pág. 13, frente.

sino que se dan seis reglas para resolver por árbitros los puntos dudosos que surjan de la demarcación de la línea.

Esta Convención no se llevó a cabo por ninguna de las dos Repúblicas, y más bien, cinco años después, se concluyó la de Gámez-Bonilla, en cumplimiento de cuyas cláusulas esta enojosa cuestión de límites quedará definitivamente terminada. Ya Nicaragua no pretende hasta el río Patuca, sino hasta el cabo Camarón, que dista del cabo de Gracias a Dios sesenta leguas. Con este procedimiento de Nicaragua, y si la cuestión no termina cuanto antes, dentro de pocos años va a pretender, con cualquier pretexto, llevar sus límites hasta el río Motagua, que es la línea divisoria de Honduras con Guatemala.

DERECHO INDISCUTIBLE DE HONDURAS
SOBRE GRACIAS A DIOS

La Comisión de Honduras, tanto en Danlí como en Amapala, manifestó —y así consta en los pasajes de las actas respectivas transcritas precedentemente— que no era llegado el caso de arbitramento, con presencia de lo dispuesto en las reglas 2.ª y siguientes del artículo II de la Convención Gámez-Bonilla. En efecto, se presentó la real cédula expedida en San Ildefonso a veintitrés días del mes de agosto de mil setecientos cuarenta y cinco, en la que de una manera clara, que no deja lugar a duda, se fijan los límites de la provincia de Honduras. La Comisión nicaragüense, sin presentar otro documento público de mayor fuerza, se negó a dar valor a dicha real cédula, y quiere sostener que no es de demarcación de fronteras, aunque en ella aparezcan demarcadas.

Este es el texto del documento:

"San Ildefonso, 23 de agosto de 1745.

"Don Phelipe, por la gracia de Dios, Rey de Castilla, de León, de Aragón, de las Dos Sicilias, de Jerusalén, de Navarra, de Granada, de Toledo, de Valencia, de Galicia, de Mallorca, de Sevilla, de Cerdeña, de Córdoba, de Córcega, de Murcia, de Jaén, de los Algarves, de Algeciras, de Gibraltar, de las Islas de Canarias, de las Indias Orientales y Occidentales, Islas y Tierra Firme del Mar Océano; Archiduque de Austria; Duque de Borgoña, de Brabante y de Milán; Conde de Habsburgo, de Flandes, Tirol y Barcelona; Señor de Vizcaya y de Molina, etc.

"Por cuanto conviniendo a mi servicio, y con motivo de la presente guerra, nombrar persona que sirva los empleos de Gobernador y Comandante General de la provincia de Honduras, en quien concurran las circunstancias de mérito, disciplina militar y acreditada conducta, y hallándome, con satisfacción, de que estas calidades concurren en vos el Coronel de Infantería don Juan de Vera, como lo habéis acreditado en los servicios que habéis ejecutado con varios empleos desde el año de mil setecientos catorce en el Regimiento de mis Guardias de Infantería Española, con el que os hallasteis en todas las funciones que tuvo, hasta el de mil setecientos veintidós, que estando de segundo Teniente de él os conferí el grado de Teniente Coronel y el Gobierno de la Isla de Margarita, en el que y en el de la provincia de Santa Marta que habéis servido después, habéis acreditado vuestro desinterés, celo y conducta, como lo han manifestado vuestras residencias y lo han puesto en mi real noticia el Virrey del Nuevo Reino de Granada don Sebastián de Eslava, he venido en elegiros y nombraros (como por el presente os elijo y nombro) por Gobernador y Comandante General de la provincia de Honduras, para que sirváis este empleo por el tiempo que fuere mi voluntad, con las mismas facultades, jurisdicción y autoridad que lo han servido los demás gobernadores de aquella provincia, en conformidad de lo prevenido por leyes, cédulas y órdenes mías; y contemplando muy útil a mi servicio que os halléis con la autoridad necesaria para todo lo que puede ofrecerse,

"He venido asimismo en nombraros (como por el presente os nombro) por Comandante General de mis armas de la citada provincia de Honduras y de las comprendidas en todo el Obispado de Comayagua, del partido y distrito de la Alcaldía Mayor de Tegucigalpa y de todos los territorios y costas que se comprenden desde donde termina la jurisdicción del Gobernador y Capitán General de la provincia de Yucatán hasta el cabo de Gracias a Dios. Igualmente os nombro por Comandante General de todas las referidas provincias y territorios, para todo lo conducente a celar y evitar el comercio ilícito en ellas, para lo cual os concedo todo el poder y jurisdicción necesaria, como para que en todas las referidas provincias y territorios podáis llamar, convocar y juntar la gente de guerra, conducirla y mandarla, crear cabos y oficiales militares, visitar y reparar las fortalezas, construir otras de nuevo (siendo necesarias para la seguridad de aquellas costas), juzgar las causas militares conforme a las ordenanzas y hacer todo lo que os parezca conveniente a la defensa de aquellos dominios, evitar y castigar en ellos el comercio ilícito.

"Por tanto mando al Gobernador y Comandante General que es o fuere de la referida provincia de Honduras, al Cabildo, Justicia y Regimiento de la ciudad de Comayagua y a otros cualesquiera jueces y justicias de ella, que luego que por vos sean requeridos con este mi real título y precediendo el juramento que debéis hacer ante aquel Gobernador o Cabildo de la ciudad de Comayagua, os den y pongan en posesión del Gobierno y Comandancia General de aquella provincia; y asimismo mando al Alcalde Mayor del Real de Minas de Tegucigalpa y a todos los Maestres de Campo, Sargentos Mayores, Capitanes, Tenientes, Alféreces y soldados, y a los alcaides y castellanos de las fortalezas y castillos de las referidas provincias y territorios, os tengan por tal Comandante General de mis armas en ellas, y obedezcan y cumplan, sin réplica ni contradicción alguna, todas las órdenes que les diereis por escrito o de palabra, guardándoos y haciéndoos guardar todos los fueros, honores, preeminencias, exenciones y prerrogativas que como a tal Comandante General de mis armas y para todo lo conducente a evitar el comercio ilícito os tocan y deben ser guardadas; y os declaro exento en lo militar y en todo lo concerniente a celar e impedir el comercio ilícito de otra cualesquiera jurisdicción, para cuyo efecto derogo cualesquiera leyes, cédulas u órdenes que hubiere en contrario, dejándolas para lo demás en su fuerza y vigor; pero os advierto que en todo lo perteneciente a las causas civiles, criminales o gubernativas de la provincia de Honduras y ciudad de Comayagua no habéis de hacer novedad, pues estas han de correr como hasta ahora, otorgando las apelaciones, si se interpusieren, de las sentencias que vos o vuestros Tenientes pronunciareis para ante la expresada Audiencia de Guatemala; y asimismo os mando no os mezcléis en el gobierno político y civil de la Alcaldía Mayor de Tegucigalpa ni de otra ninguna gobernación que pueda llegar a la mencionada costa que su Gobernador o Alcalde Mayor, porque esto ha de quedar absolutamente como lo ha estado al Alcalde Mayor o Gobernador; igualmente os prevengo no hagáis ni debáis hacer novedad alguna en la administración de mi Real Hacienda, estando en esto lo dispuesto por las leyes.

"Y declaro que con este empleo debéis gozar de sueldo en cada un año de seis mil pesos, incluso en el que hasta ahora habían gozado vuestros antecesores, y que este está asignado a aquel gobierno, pagándoseos en virtud de este mi real título y vuestros recibos o cartas de pago por los oficiales de mi Real Hacienda de las cajas de la ciudad de Comayagua, abonándoseos desde el día que justificareis haber llegado al puerto de La Habana; y asimismo declaro no debéis pagar maravedís algunos al derecho de la Media Anata por haberos relevado de ella; y de este título se tomará razón por los expresados oficiales de mi Real Hacienda de las cajas de la ciudad de Comayagua.

"En inteligencia de que, si lo tuviere por conveniente, mandaré oportunamente se os expidan por mi Consejo de las Indias las cédulas, instrucciones u órdenes que por aquella vía se os deban comunicar. Dado en San Ildefonso a veintitrés de agosto de mil setecientos cuarenta y cinco."

YO EL REY

Don Zenón de Somodevilla.

Con esta Real cédula quedaron definitivamente marcados los límites de Honduras por el Atlántico, y a ella se han sujetado para el ejercicio de su jurisdicción las autoridades hondureñas, tanto las de la Colonia como las de la República.

Dice el Rey:

"Por cuanto, conviniendo a mi servicio, y con motivo de la actual guerra, nombrar persona que sirva los empleos de Gobernador y Comandante General de la provincia de Honduras, en quien concurran las circunstancias de mérito, disciplina militar y acreditada conducta, etc."

La Comandancia General y Gobernación de la provincia de Honduras iban entonces a encomendarse a una sola persona, quien al ejercer dichos cargos debería hacerlo dentro de los límites señalados en la misma Real cédula.

"...he venido en elegiros y nombraros (como por el presente os elijo y nombro) (al coronel de infantería don Juan de Vera) por Gobernador y Comandante General de la provincia de Honduras, para que sirváis este empleo por el tiempo que fuere mi voluntad..." "y contemplando muy útil a mi servicio que os halléis con la autoridad necesaria para todo lo que puede ofrecerse; he venido asimismo en nombraros (como por el presente os nombro) por Comandante General de mis armas de la citada provincia de Honduras y de las comprendidas en todo el Obispado de Comayagua, del partido y distrito de la Alcaldía Mayor de Tegucigalpa y de todos los territorios y costas que se comprenden desde donde termina la jurisdicción del Gobernador y Capitán General de la provincia de Yucatán hasta el cabo de Gracias a Dios", etc.

Por el estado anormal en que se encontraban estas posesiones fue preciso dar al coronel de Vera la plena jurisdicción en lo militar, el supremo mando de las armas, y con motivo de esto, en la Real cédula, para alejar toda duda, se señalan los territorios que componían la provincia de Honduras, por más que otra cosa resulte de los términos de la Cédula. El Obispado de Comayagua, según las leyes españolas, comprendía toda la provincia de Honduras; la Alcaldía Mayor de Tegucigalpa formaba parte de la expresada provincia. Ahora, si estos territorios, desde donde concluye Yucatán hasta el cabo de Gracias a Dios, en el Atlántico, no eran a la fecha de esta Real cédula de la provincia de Honduras, pasaron a serlo en virtud de ella, y el resultado es siempre el mismo.

No sabemos cómo puede asegurarse que esta Real cédula no es de demarcación de fronteras: es cierto que es de nombramiento de un funcionario público; pero se señala la jurisdicción del empleado, y de una manera tan clara por lo que hace a la línea que en la costa atlántica divide a Honduras de Nicaragua, que toda discusión a este respecto es inútil y a nada puede conducir, porque no puede adelantar. Recuérdese que los Reyes de España, al fijar límites en sus vastos territorios en América, no hacían sino señalar líneas jurisdiccionales.

Con razón un escritor, por muchos títulos respetable, dice: "El uti possidetis no es en el fondo y por el aspecto retrospectivo una cuestión de propiedad. El Rey de España, único propietario, no transmitió su propiedad a las entidades coloniales. Trazaba a sus agentes los límites de su jurisdicción. Dividía, separaba o agregaba territorios y provincias para que en su nombre fueran administradas. Tratóse, pues, de saber hoy cuáles eran aquellos límites, aquellas jurisdicciones, aquellas agregaciones y aquellas disgregaciones en una época determinada. Esto es asunto de historia."

Que presente Nicaragua algún documento auténtico de mayor fuerza que esta Real cédula; que pruebe qué parte de los territorios de la provincia de Honduras que se pusieron bajo el Gobierno político y militar del coronel de Vera fueron segregados alguna vez de aquélla y agregados a la provincia de Nicaragua.

En el nombramiento de Pedrarias Dávila para Gobernador de Nicaragua, que fue cuando se erigió ésta en provincia, no se señalan límites precisos, sino que en su título se le dice que ejercerá su jurisdicción en "ciertas tierras e provincias en la costa del Sur al Poniente que fue a descubrir y conquistar Francisco Hernández de Córdoba".

Después de la muerte de Pedrarias, acaecida en julio de 1530, el ayuntamiento de León, Nicaragua, solicitó del Rey, en un extenso memorial que le dirigió, que señalara los límites a la Gobernación. Nada se resolvió sobre el particular.

Pero en la misma fecha, 23 de agosto de 1745, en que el Rey de España fijó las fronteras de la Gobernación de Honduras, señaló también las de Nicaragua, como aparece de la Real cédula en que se nombra al Brigadier don Alonso Fernández de Heredia gobernador de Nicaragua y, además, Comandante General de dicha provincia, de la de Costa Rica, de las jurisdicciones del Realejo, Subtiava, Nicoya, Sébaco y demás territorios comprendidos "desde el cabo Gracias a Dios hasta el río Chagres". Si este territorio estuvo siempre bajo la jurisdicción de Nicaragua hasta el año de 1821, o si su legítimo dueño, el Rey de España, le segregó algo para agregarlo a otra provincia, es cosa que a nosotros no nos incumbe aclarar, y sí solo consignar este dato para que se vea la sinrazón de Nicaragua al promover injustamente este pleito a Honduras.

Estos nombramientos de Gobernadores y Comandantes Generales en los señores de Vera y Heredia se hicieron en la inteligencia de que, por muerte o por cualquiera causa que retardara la llegada de uno de ellos, el otro le reemplazaría. Así fue que, como solo cuatro meses tuvo el mando el Gobernador de Vera, porque le sobrevino la muerte, el brigadier Heredia nombró Teniente de Gobernador y Comandante General de la provincia de Honduras, con las mismas facultades de que estaba investido y para los mismos territorios, primero a don Diego Tablada y después, en 1750, al capitán de mar y tierra don Pedro Truco.

Aunque no nos corresponde averiguar cuáles fueron los motivos que tuvo el Rey de España para expedir estas Reales cédulas, apareciendo en ellas que fue la guerra, es bueno hacer constar aquí que ésta terminó con el Tratado de 1748, firmado en Aix-la-Chapelle, y en el año de 1750 aquellas disposiciones estaban en vigor, como se comprueba con el nombramiento de Truco.

Durante muchos años Inglaterra puso todos los medios a su alcance para apoderarse de la Mosquitia, por lo que España procuraba siempre tomar las medidas más conducentes para proteger esta parte de sus posesiones de América. Como de hecho estaban en poder de los ingleses algunos lugares, como Río Tinto y otros, al celebrarse entre España e Inglaterra la Convención de 14 de julio de 1786, se estipuló en el artículo I que:

"Los súbditos de S. M. B. y otros colonos que hasta el presente han gozado de la protección de Inglaterra evacuarán los países de Mosquitos, igualmente que el Continente en general y las islas adyacentes sin excepción..."

Creyéndose ya España libre de las usurpaciones británicas, y para evitar nuevas molestias o para estar en aptitud de repeler cualquiera agresión por la costa norte de Honduras, se dispuso en Real Orden de 23 de enero de 1787 mandar formar cuatro poblaciones españolas en Río Tinto, cabo Gracias a Dios, Blewfields y embocadura del río San Juan, con familias que enviarían de la Península o de las islas Canarias.

"El Pardo, 23 de enero de 1787:

"He prevenido a V. S., de orden del Rey, entre otras cosas, y con fecha 24 de septiembre último, que S. M. tiene determinado se formen cuatro poblaciones españolas bien precavidas y defendidas en Río Tinto, cabo de Gracias a Dios, Blewfields y embocadura del río de San Juan, y que su Real voluntad es que con gentes de ese Reino, y bajo las convenientes precauciones, dé V. S. principio desde luego a estos establecimientos, en inteligencia de que de esta Península o de Canarias se le enviarán algunas familias con que aumentarlos y reforzarlos en vista de lo que V. S. informe y proponga sobre el asunto. Ahora advierto a V. S. haber resuelto el Rey, con uniforme acuerdo de la Junta de Estado, que para dicho objeto se colecten y envíen a V. S., con la posible brevedad, ciento y cincuenta familias de labradores y artesanos pobres de Galicia y Asturias, y sesenta de

Canarias; bien entendido que el ánimo de S. M. es que en los citados pueblos, en la isla de Roatán y demás parajes de la costa que nos convenga ocupar, se establezcan unidas y mezcladas las familias de ese Reino y las de este, para que se auxilien las unas a las otras y se dediquen todas al trabajo con honrada emulación. Prevengolo a V. S. de Real Orden para su gobierno e inteligencia, en la de que advertiré a los jefes de La Habana lo conveniente para el caso de que algunas de dichas familias hagan escala en aquella plaza por no poder ir en derechura a alguno de los puertos de ese Reino.

"Dios guarde a V. S. muchos años.

"El Pardo, 23 de enero de 1787.

(f) SONORA.

"Señor Presidente de Guatemala.

Es copia fiel.

"Guatemala, 28 de julio de 1787.

(f) MARIANO DE ECETA."

Las familias fueron y las recibió en Trujillo el Gobernador e Intendente de la provincia de Comayagua y comandante de las costas de Trujillo, don Juan Nepomuceno de Quesada.

Con motivo de la fundación de estas colonias, las autoridades superiores de Guatemala, a cargo de quienes estaba el gobierno de estas provincias, acordaron dar nueva reglamentación al puerto de Trujillo y organizar los establecimientos de Río Tinto y cabo Gracias a Dios, etc. Esta reglamentación que se dio para el mejor servicio de los intereses fiscales y para el progreso de las colonias era semejante a la que tienen los puertos de las naciones de gobierno federal, en cuanto a que dependen del gobierno central; pero nunca se creyó que los territorios en que estaban los establecimientos quedaban segregados de las respectivas provincias a que pertenecían. Como prueba de este aserto copio a continuación un expediente administrativo y las carátulas de otros que existen en el Archivo General de Guatemala.

"Sr. Comandante:

"Juan Benito de Lago, patrón de las piraguas de este establecimiento, a los pies de V. M., con el más profundo respeto dice:

que mediante a que el sueldo o gratificación de tal patrón de estas es corto, por cuyo motivo estoy en la última miseria, pasando mil necesidades, desde luego suplico a V. M. rendidamente, si es conveniente mandar se me pague lo que otros de mi ministerio disfrutan, pues de lo contrario tendré a bien pasar a Río Tinto, donde me han prometido doce pesos.

"Gracia y justicia, etc. Nuestro Señor guarde a V. M. muchos años.

B. L. M. de V. M.

(f) JUAN BENITO DE LAGO." (Hay una rúbrica.)

La petición presentada por el patrón de las piraguas del cabo de Gracias a Dios fue tramitada en esta forma:

"Cabo de Gracias a Dios, febrero 24 de 1792. — Pase al Teniente de Ministro de Real Hacienda para que vista esta solicitud me informe si el sueldo accesible a las funciones de que representa el que goza es el que solicita.

(f) MANUEL DE SALAS."

"El Teniente del Ministerio de Real Hacienda considera justa la solicitud del patrón Juan de Lago, pero es necesario que pase a la Junta Superior para el aumento del sueldo que solicita, pues en mí no reside esta facultad.

Cabo de Gracias, 24 de febrero de 1792.

(f) JOSÉ ARIZA Y TORRES."

"Vuelva este al Cabo de Gracias para que exprese el Comandante y Teniente de Ministro de Real Hacienda el sueldo que goza el suplicante para deliberar.

(f) SALABLANCA."

"Cabo de Gracias a Dios, 12 de mayo de 1792.

Pase al Teniente de Ministro de Real Hacienda para que informe el sueldo que goza el suplicante, para con él pasarlo a la Comandancia de Trujillo."

"El Teniente de Ministro de Real Hacienda ha visto los superiores decretos de esta solicitud, y a ellos dice que el sueldo de que goza el patrón de estas piraguas, Juan Benito de Lago, es el de ocho pesos y ración.

Cabo de Gracias a Dios, 14 de mayo de 1792.

(f) ARIZA." (Hay una rúbrica.)

"Cabo de Gracias a Dios, 16 de mayo de 1792.

Pase esta solicitud al Comandante de Trujillo a los fines que solicita.

"Trujillo, junio 25 de 1792.

(f) SALAS."

"Junta de Real Hacienda celebrada en este día, atento a la solicitud que hace el Patrón de las Piraguas del Cabo de Gracias, Juan Benito Lago, para que se le aumente el sueldo a ocho pesos y ración que goza, al mismo que tienen los patrones de la costa. Decimos que, siendo necesaria esta plaza en aquel establecimiento, donde si la deja con dificultad se encuentra otro que le suceda, nos parece regular que se le den doce pesos y ración como han tenido y tienen los de este puerto y Río Tinto, para cuya aprobación pasará este expediente a la Junta Provincial de Comayagua, a fin de que resuelva prontamente, antes que desampare este individuo la plaza, expresando desde el día que debe gozar el aumento de los cuatro pesos más. Así lo acordaron y firmaron.

(f) Comandante Pinillos. — Segundo Comandante.

Nove Ministro Real de Mina. — Interventor Gándara.

Promotor Fiscal Valle.

Es copia fiel. (f) Juan Pinillos." (Hay una rúbrica.)

El 27 de julio el Gobernador-Intendente, García y Conde, pasó estas diligencias al asesor, licenciado Valero, quien fue de opinión de que se pasaran a la Junta Provincial, la que en diecinueve de enero de mil setecientos noventa y tres la despachó de conformidad, firmando García Conde, Brillante, Basulto y Joaquín Pineda.

"Expediente 529. — Gobierno. — Comayagua. — Año de 1787.

"Existe el pago de 58. — 848 p. s gastados en la conducción de familias pobladoras para el puerto de Trujillo (establecimiento de la costa Mosquitia), y los reclama D. Bentura Naxera, apoderado de D. Miguel de Goyeneche."

"Expediente 550. — Gobierno Trujillo. — Año de 1787.

"Expediente formado a fin de que la Junta Superior de Real Hacienda, en virtud de lo que produce, regule qué partidas, socorros y auxilios corresponderán facilitarse a las familias que de Canarias han venido por Real orden a poblar los establecimientos de la Costa de Mosquitos, y cuáles se dispensarán a las que de este Reino o el Gobierno de Yucatán se deben solicitar para el mismo efecto."

"Expediente 692. — Junta Superior. — Comayagua.

Año de 1790.

"Si será conveniente traer de La Habana los efectos que se necesitan para los regalos de los nuevos establecimientos."

"Expediente 790. — Junta Superior. — Comayagua.

Año de 1792.

"Sobre compra de maíz y arroz que hizo la Junta Real Hacienda de Trujillo para el establecimiento de Cabo de Gracias."

"Expediente 842. — Gobierno. — Comayagua. — Año de 1793.

"El Comandante de Trujillo... el cobro de diezmo que...

Aquí las

"Provincias que se han aprobado, dadas por los jueces hacedores de Comayagua para la cobranza de diezmos a los vecinos de Omoa, Trujillo, Río Tinto y Gracias (Cabo de Gracias a Dios)."

"Expediente 861. — Junta Superior. — Año de 1793.

"Sobre asignación de sueldo al cirujano del Cabo de Gracias a Dios, D. José Daris."

"Expediente 862. — Gobierno. — Trujillo. — Año 1793.

"Los descendientes de los pobladores de la costa del Norte gozarán de los mismos privilegios concedidos a sus padres."

"Expediente 952. — Gobierno. — Comayagua. — Año de 1794.

"Sobre remisión de armas al Cabo de Gracias para el socorro de aquellos indios."

"Expediente 966. — Gobierno. — Comayagua. — Año de 1795.

"Sobre los efectos que se han conducido a Trujillo de cuenta de la Real Hacienda de La Habana y Cabo de Gracias a Dios para el consumo de los primeros seis meses de este año."

"Expediente 1.072. — Gobierno. — Trujillo. — Año de 1797.

"Los colonos de Trujillo piden se les den tierras y ciertos privilegios y exenciones."

"Expediente 1.131. — Gobierno. — Comayagua. — Año de 1798.

"Sobre nombramiento de capellán de Trujillo y que estén sujetos a él los de Roatán y Río Tinto."

"Expediente 1.193. — Gobierno. — Comayagua.

Año de 1799.

"El Intendente de Comayagua pide instrucciones para arreglar los gastos de Real Hacienda."

"Expediente N.º 10. — Gobierno. — Comayagua.

Año de 1800.

"Sobre administrar dos mudas de ropa a los comprendidos en la sorpresa que hizo el enemigo en el establecimiento de Río Tinto e insubordinaron a los vecinos..."

"Expediente 677. — Gobierno. — Comayagua.

Año de 1804.

"Sobre auxilios que deben darse a los que vengan de Cuba y otras partes a poblarse en Río Tinto."

"Expediente 678. — Gobierno. — Comayagua.

Año de 1804.

"Franquicias que deben otorgarse a los que vengan a poblarse en la Costa de Mosquitos."

"Guatemala, 3 de marzo de 1804.

"Carta N.º 416 del Presidente de Guatemala dando cuenta con documentos sobre la pretensión del Intendente de Comayagua de que los establecimientos de la Costa de Mosquitos caen dentro del territorio de la provincia."

Año de 1805.

"Expediente acerca de la competencia suscitada por el Gobernador Intendente de Comayagua, D. Ramón Anguiano, con el Capitán General de Guatemala con motivo de la creación de dos alcaldes ordinarios en la colonia de Trujillo, pretendiendo el 1.º le compete lo mismo en la costa de Mosquitos."

"Comayagua, 20 de febrero de 1816.

"Informe sobre la Provincia de Honduras después de hecha su visita por su Gobernador Intendente D. Juan Antonio de Tornos."

Las autoridades superiores de la Capitanía General siempre siguieron considerando el puerto de Trujillo y los establecimientos de la costa Norte como de la Intendencia de Comayagua, y en sus resoluciones daban injerencia al Intendente.

"Título de Teniente de Ministro de Real Hacienda de Río Tinto.

"Dn. Josef Estachería, del Consejo de su Mag. ... Por cuanto: habiéndose tratado en Real Junta Superior de Hacienda celebrada en catorce de agosto de este año de arreglar y establecer el ministerio de ella en el puerto de Trujillo y establecimientos de Roatán, cabo de Gracias a Dios y Bufsil, respectivos a la Intendencia de Comayagua de la Gobernación de este Reino... Fecho en Guatemala, a diez y seis de noviembre de mil setecientos ochenta y siete años."

(f) JOSEF ESTACHERÍA.

Por mandado de su Señoría,

(f) JUAN HURTADO.

"Título de Interventor a favor de don Tomás Villa en el puerto de Trujillo.

"Don Josef Estachería, del Consejo de su Majestad... Por cuanto: habiéndose tratado en Real Junta Superior de Hacienda celebrada en catorce de agosto de este año de arreglar el ministerio de ella en el puerto de Trujillo y establecimientos de Roatán, cabo de Gracias a Dios y Buflis, respectivos a la Intendencia de Comayagua de la Gobernación de este Reino... Relevándosele del Real derecho de media anata por ser de primera creación con la calidad de afianzar hasta en cantidad de dos mil pesos a satisfacción de la Intendencia de Comayagua... Y por esta ocupación gozará el sueldo de ochocientos pesos que es el asignado a esta plaza por la enunciada Real Junta con la precisa calidad y obligación de dar fianza a satisfacción de la Intendencia de Comayagua... Fecho en Guatemala a diez y seis de noviembre de mil setecientos ochenta y siete."

(f) JOSEF ESTACHERÍA.

Por mandato de su Señoría, JUAN HURTADO.

"RAZÓN

"Por despacho del M. I. S. Presidente, Gobernador y Capitán General de este Reino, de 5 de octubre del corriente año, se nombra para Comandante del nuevo establecimiento del Cabo de Gracias a Dios a don Francisco Pérez Brito, con dependencia del puerto de Trujillo, con la gratificación de ochocientos pesos anuales, del que queda tomada razón en el Tribunal de Cuentas de este Reino. — Comayagua, octubre 30 de 1789.

(f) AGUIRRE."

"Nombramiento al Coronel graduado D. Francisco Salablanca, para Comandante del Puerto de Trujillo.

"Dn. Bernardo Troncoso Martínez del Rincón, del Consejo de su Mag. ... por tanto ordeno y mando a los oficiales, tropa y vecindario del citado puerto, y a los comandantes de los establecimientos y puertos de la costa de Mosquitos, hayan y tengan al referido Dn. Franco Salablanca por tal Comandante del puerto de Trujillo, obedeciendo puntualmente las órdenes y providencias que comunicare...

"Dado en Guatemala a 3 de enero de 1790.

(f) BERNARDO TRONCOSO.

(f) MARIANO DE EZETA."

"Nombramiento a D. Josef Ariza para Teniente de Ministro de Real Hacienda para el Cabo de Gracias a Dios.

"Don Bernardo Troncoso Martínez del Rincón, del Consejo de Su Majestad... Y habiéndose instruido expediente para el nombramiento de este empleo a Dn. Josef de Ariza y Torres, y dado las fianzas prevenidas en Campeche, a satisfacción del Intendente de Comayagua... Ello mediante, para que tenga efecto, libro el presente por el cual elijo y nombro al dicho Dn. Josef de Ariza y Torres por Teniente de Ministro de Real Hacienda en la colonia del Cabo de Gracias a Dios, nuevamente creado en el puerto de Trujillo...

"Fecho en Guatemala a cinco de febrero de mil setecientos noventa y uno.

(f) BERNARDO TRONCOSO.

Por mandado de Su Señoría,

(f) JUAN HURTADO."

Últimamente la Intendencia de Comayagua llegó hasta pagar el prest a la tropa que servía en los establecimientos del Norte y a suministrar a dichos establecimientos los abastos que fueron necesarios.

"Real Junta. — Provincia de Comayagua, septiembre diez y ocho de mil setecientos noventa y dos.

"Formen la presente liquidación de la cantidad a que ascienden los nueve meses de prest que se les debe a esta tropa, como lo afirman los ministros de Trujillo y lo contestan los testigos examinados, y asimismo el importe de los prest de los sargentos, cabos y tambores, y el de los soldados difuntos, y el de las mil novecientas catorce medias raciones, al respecto y según se acostumbra, en atención al certificado del Teniente-Ministro de Río Tinto; y hecha esta liquidación procédase a hacer el efectivo pago a los interesados, mediante a la urgente necesidad para no causarles el perjuicio irreparable que pueda irrogárseles de que se demoren en esta ciudad después de tan larga ausencia de sus casas, y las enfermedades que padecen contraídas en el Real servicio... Así lo proveyeron, firmaron y mandaron los señores de la Junta por ante mí, de que doy fe.

(f) Licenciado VALERO, BRILLANTE, BASURTO, JOAQUÍN LINDO."

"Dn. Alexo García y Conde, Coronel de los Reales ejércitos, Gobernador Intendente y Comandante General de las armas por S. M. de esta Provincia de Honduras... Por cuanto: desde el año pasado de 1790 en que nombré por Subdelegado para el partido de Olancho a don Antonio Tablada con la comisión de abastecer de maíces, ganados y otras especies a los establecimientos del Norte... Por tanto: he tenido a bien librarle comisión en forma, como por la presente lo hago, para que continúe en el referido encargo; asegurando a satisfacción de los Ministros de Real Hacienda los caudales que entren a su poder o se le anticipen de esta Tesorería para el acopio de las indicadas provisiones, y costas de remesas que debe hacerse de ellas a los mencionados establecimientos, con arreglo a las órdenes e instrucciones que hasta ahora se han dado y en adelante se dieren...

"Fecho en Comayagua a veinte y seis de octubre de mil setecientos noventa y dos.

(f) ALEXO GARCÍA.

Por mandado de S. S.,

(f) JOAQUÍN LINDO."

En 1786 el Rey don Carlos III dictó la Real Ordenanza para el establecimiento e instrucción de Intendentes de ejército y provincia en el Reino de Nueva España. Al ponerse en práctica esta Ordenanza en el Reino de Guatemala, el primer Gobernador Intendente de

Honduras, brigadier don Juan Nepomuceno de Quesada, prestó el juramento de posesión de su nuevo cargo en Río Tinto, el 26 de junio de 1787, ante el teniente coronel don Gabriel de Hervias, comandante interino del puerto, y en virtud de comisión especial de la Audiencia, comisión que se dio porque el señor Quesada estaba desempeñando en aquella costa el encargo de desalojar a la nación británica del establecimiento de La Criba y de la ocupación de aquel terreno por S. M. C., su legítimo dueño.

Por este tiempo se dio más cohesión a la provincia, puesto que la Alcaldía Mayor de Tegucigalpa y todo el territorio de su obispado se anexó a la Intendencia de Comayagua.

"Habiéndose negado don Lorenzo Vásquez y Aguilar, Alcalde Mayor de Tegucigalpa, a que la provincia de su mando se incorporase a la provincia de Comayagua, el nuevo gobernante de la Intendencia, que a la sazón se encontraba en Trujillo, consultó en 18 de diciembre de 1787 si debía o no incorporarse a la Intendencia la expresada Alcaldía de Tegucigalpa. La Junta Superior de Real Hacienda de Guatemala, compuesta de los señores Presidente, don José Estachería; Regente, don Juan Antonio Uruñuela; Fiscal, don Pedro José Tosta, y Ministro de Real Hacienda, don Francisco Nájera; vista la consulta, acordó en 5 de enero de 1788 que se incorporase a la Intendencia de Comayagua la Alcaldía Mayor de Tegucigalpa y todo el territorio de su Obispado, dándose cuenta a S. M. de esta resolución."

Esta Intendencia quedó dividida en los partidos o subdelegaciones siguientes, además del partido de la capital y del establecimiento de la costa de Mosquitos: Tegucigalpa, Gracias, Chinda, Tencoa, San Pedro Sula, Yoro, Olancho y Olanchito. Así se constituyó y organizó la Intendencia, siempre con los límites que tenía, porque no fueron modificados ni por las leyes ni por sus autoridades.

El señor don Ramón de Anguiano, Gobernador Intendente de la provincia de Honduras, en cumplimiento de lo prevenido en la ley 15, título I, libro VI de la Recopilación de Indias, visitó en 1804 los términos de su provincia, y del resultado de ella dirigió un informe a S. M. por la vía reservada de Gracia y Justicia. De él copiaremos algunos pasajes para que se vea hasta dónde llegaba la jurisdicción de Honduras.

"Se halla situada esta Provincia —la de Honduras— en los términos del Reino de Nueva España, sirviéndola de límites las costas del Norte, Noreste y Noroeste en el Golfo de Honduras, siendo su longitud y latitud tan conocidas como sus confines con las demás provincias de este Reino", etc.

La descripción de los términos de Honduras por el Atlántico, que hace el gobernador Anguiano, coincide con la señalada en la Real Cédula de 23 de agosto de 1745, en que se nombra Gobernador y Comandante General al coronel de Vera.

"Este partido —Olancho— es el mayor y más dilatado de toda la provincia, por incluirse en él las dos grandes indiadas de sambos, mosquitos y payas, los cuales habitan en las montañas y tienen sus límites en las costas del Norte y del Este", etc.

Basta ver un mapa de Honduras y fijarse en la situación del Partido de Olancho, que comprendía el departamento actual de este nombre y la Mosquitia hondureña, para convencerse de que, si colindaba con las costas del Este, llegaba hasta donde concluía la jurisdicción del Cabo Gracias a Dios.

"Los indios llamados payas poseen las montañas de Cabo Gracias a Dios hasta lo interior de este Partido, los cuales se hallan en igual caso y casi en igual número que los indios xicaques, de que trata el expediente número ocho, y por consiguiente, siendo mansos y afectos a España, deben seguirse con ellos las mismas reglas que con éstos para catequizarlos, reunirlos y atraerlos a nuestra Religión. Contiguos a dichos indios mansos se hallan los sambos, ocupando las costas del Norte y Oriente, cuya costa no admite conquista ni reducción, teniendo a los dichos payas como tributarios y tan subordinados, que es uno de los motivos por que se puede hacer su reunión con facilidad."

El señor Anguiano, que estuvo en el Gobierno de la provincia como once años, puesto que tomó posesión de él en 1793, debió conocer los límites de ella perfectamente, tanto más cuanto que en la ley 1.ª, título I, libro V de la Recopilación de Indias se lee:

"Ordenamos y mandamos a los virreyes, gobernadores, corregidores y alcaldes mayores que guarden y observen los límites de sus jurisdicciones, según les estuvieren señalados por leyes de este libro", etc., etc.

Después de la visita del señor Gobernador Anguiano, tampoco encontramos nada en las leyes de la Colonia que altere la demarcación de las fronteras de Honduras, y sí el Decreto de las Cortes de 8 de mayo de 1821, cuyo artículo 1.º está concebido en los siguientes términos:

"Por ahora, en fuerza del artículo 325 de la Constitución y ampliando el art. 1.º del Decreto de las Cortes Generales y Extraordinarias de 23 de mayo de 1812, se establece una Diputación Provincial en cada una de las Intendencias de Provincia de la España Ultramarina en que no esté ya establecida; la residencia de cada una de todas las Diputaciones de Ultramar es la capital de la Intendencia respectiva, y su territorio el que actualmente tiene cada una de dichas Intendencias."

De la Independencia para acá, las autoridades de Honduras han ejercido jurisdicción en todo el territorio de lo que antes fue Intendencia de Honduras; es decir, del Cabo Gracias a Dios para el Oeste y para el Sur. Enumeraremos algunos de los principales casos.

El Cónsul General de S. M. B., don Federico Chatfield, de ingrata memoria para todo buen centroamericano, siguiendo la política tradicional de su Gobierno en cuanto a apropiarse de nuestra costa atlántica, inventó la existencia de una cierta nación Mosquita, halló un Rey para ella y puso a la dicha nación bajo el protectorado inglés. Chatfield llevó su farsa hasta señalar límites a esta imaginaria nación. El Gobierno de Honduras protestó por estos actos de usurpación y aun dirigió una proclama a los hondureños. No pueden exigirse más actos de soberanía sobre un territorio que aquellos que venimos narrando, en que se acepta una responsabilidad internacional.

En 1854 presentó un escrito al Gobierno de Honduras el señor don Agustín Follin, en el que por sí y a nombre de la Compañía de Tierras de Honduras, de que formaba parte y a la cual representaba como Agente autorizado, proponía comprar los terrenos baldíos o de propiedad del Estado que comprende todo lo que lleva el nombre de territorio Mosquito y que abraza la línea demarcada por el señor Chatfield en la costa del Norte e islas respectivas, al mismo tiempo que las que haya en la margen oriental del río Romano y la verdadera línea divisoria de este Estado con el de Nicaragua que termina en la desembocadura del río del Cabo de Gracias a Dios (palabras textuales de Follin), como también las tierras públicas que se encuentren en las islas del mismo Estado conocidas con los nombres de Guanaja, Barbareta, Mura, Elena, Roatán, Utila, etc.

El Gobierno accedió a esta propuesta, considerando que ella ofrece las ventajas de que el terreno a que se refiere se conserve bajo la soberanía y señorío de Honduras, a quien legítimamente corresponde, y sobre el cual ha pretendido el Gobierno de S. M. B. establecer un dominio injustificable, con pretexto de proteger al supuesto Rey de los Mosquitos; y que, poblándose los desiertos que comprende y cultivándose por brazos laboriosos, se desarrolle la riqueza territorial, se civilicen y mejoren de condición las tribus salvajes que en ellas se encuentren diseminadas, y se aumente por consiguiente la importancia estadística de Honduras.

Esta venta no se llevó a cabo; pero el acto fue público, y no hay noticia de que siquiera haya protestado contra él el Gobierno de Nicaragua.

Deseando el Gobierno el bien y educación de las tribus que habitan la Mosquitia hondureña, estableció en esta comarca un Gobierno Político y Militar y señaló las atribuciones de la persona que iba a desempeñar el empleo. El decreto, que se publicó en La Gaceta de Honduras, tiene fecha 26 de noviembre de 1861.

"El Presidente de la República de Honduras,

Queriendo proveer de la manera más conveniente el bien y educación de los morenos, indios mosquitos, zambos y payas, situados desde el río Aguán hasta el Cabo de Gracias a Dios, y desde el Planting River hasta el de Guayape, comprendiendo los demás ríos intermedios; y considerando que una de las cosas que deben contribuir a facilitar este propósito es el nombramiento de una persona capaz de regir aquellas tribus en conformidad con sus intereses y condiciones actuales, ha tenido a bien expedir el siguiente

DECRETO

Artículo I. Se nombra Gobernador Civil y Militar de las expresadas tribus, situadas en los puntos indicados, al señor don José Lamotte, debiendo este funcionario percibir el sueldo que le designe el Gobierno.

Dado en la ciudad de Tegucigalpa, en la Casa de Gobierno, a 26 de noviembre de 1861.

Rubricado por S. E.
El Ministro de Relaciones y de Gobernación,
(f) Crescencio Gómez."

El señor Lamotte tomó posesión de su cargo e hizo una visita a la comarca, de que dio cuenta al Gobierno de una manera circunstanciada. Se dijo al Gobernador que, "respectivamente a los cortes de caoba establecidos en el Cabo Gracias a Dios, por súbditos ingleses, de que hablaba en su informe, dirigiera una nota comedida al Agente principal de la Compañía de Cortes, pidiéndole le explique con qué facultad, contrato o negocio verifica dichos cortes". (Comunicación del Ministro de Relaciones del Supremo Gobierno del Estado de Honduras al Gobernador de la Mosquitia, de 26 de mayo de 1862.)

El año de 1863 renunció el señor Lamotte, y el 15 de junio del mismo año se le admitió la renuncia y se nombró en su reposición a don Guillermo Herrera.

El 12 de diciembre de 1864, don Guillermo Vaughan, que tenía cortes de madera en la Mosquitia, se presentó al Administrador de la Aduana de Trujillo, don Paulino Nieto, "pidiendo que se proceda al remate de las maderas que se hallan al Oeste del río Segovia en la parte que pertenecen a esta República" (la de Honduras). La contrata respectiva fue celebrada el 2 de agosto de 1866 en Cayo Martínez, o sea en la barra del río Segovia, habiendo sido el representante del Gobierno el Comandante de Trujillo, don Casto Alvarado, quien en ese tiempo andaba visitando la Mosquitia por orden superior. Dice el artículo 5.° de la contrata:

"Si alguno o algunos individuos hicieren propuesta por las maderas de los ríos que hay entre Wanks (Segovia) y el Aguán o Romano, el Gobierno de Honduras no concluirá ningún contrato sin darle aviso a W. Vaughan o sus representantes y concederle dos meses para, si quisiere, mejorar la propuesta."

Este mismo señor Vaughan propuso al Gobierno de Honduras, en 1867, y su propuesta fue aceptada, extraer hule (caucho) desde el río Patuca hasta la laguna de Caratasca. Estas contratas se llevaron a cabo, y en los libros de los Administradores de la Aduana de Trujillo, correspondientes a los años de 1874 a 1875, se encuentra la última partida de abono con fecha 30 de abril.

El Congreso de Honduras, con fecha 26 de mayo de 1869, ratificó en otros términos el decreto emitido el 23 de noviembre del año de 1868 y el acuerdo de 20 de febrero de 1869, en que se eleva la Mosquitia a la categoría de departamento de la República. El artículo 1.º del decreto de 23 de noviembre está concebido de la manera siguiente:

"La Sección de la Costa Norte, conocida con el nombre de Mosquitia, forma un departamento de la República sin representación en el Congreso. Sus límites, por el Oriente, son el Cabo de Gracias a Dios; por el Poniente, el río Aguán; por el Norte, el mar Atlántico y sus islas adyacentes, y por el Sur, las cimas de las montañas que lo separan de la parte poblada del departamento de Olancho."

El Gobierno del nuevo departamento se instaló en un cayo de la laguna de Caratasca, el 14 de marzo de 1869.

Por último, el Código de Aduanas emitido el 30 de abril de 1883, entre los puertos menores de Honduras enumera el del Cabo de Gracias.

Todavía en los años de 1892 a 1893, Honduras tenía autoridades en Ylaya, población que está situada en la margen izquierda del río Segovia; pero desgraciadamente en aquel tiempo se inició la guerra civil de Honduras y uno de los bandos, el que triunfó, fue auxiliado por Nicaragua, por lo que cesaron las autoridades hondureñas y hasta transcurridos varios años después del triunfo se pudo poner un Comandante local en Caratasca, distante de Ylaya unas veintitrés leguas.

El Gobierno eclesiástico de Honduras nos suministra pruebas abundantes de que los límites de la Provincia coinciden con los que pretende esta República se le fijen en la costa atlántica.

Los Reyes de España, siempre cuidadosos por evitar las usurpaciones de jurisdicción de las autoridades de América, y de que hubiera orden en el Gobierno de estos territorios, dispusieron que los límites de la autoridad civil y de la eclesiástica fueran unos mismos. Dice la VII de las Ordenanzas del Consejo Real de las Indias, año 1636, que es la ley 7.ª, título II, libro II, Recopilación de Indias:

"Porque tantas y tan grandes tierras, islas y provincias se puedan con más claridad y distinción percibir y entender de los que tuvieren cargo de gobernarlas, mandamos a los de nuestro Consejo de las Indias que siempre tengan cuidado de dividir y partir todo el estado de ellas, descubierto y por descubrir: para lo temporal en virreinatos, provincias de audiencias y chancillerías reales y provincias de oficiales de la Real Hacienda, adelantamientos, gobernaciones, alcaldías mayores, corregimientos, alcaldías ordinarias y de la hermandad, concejos de españoles y de indios; y para lo espiritual en arzobispados y obispados sufragáneos, y abadías, parroquias y diezmerías, provincias de las órdenes y religiones, teniendo siempre atención a que la división para lo temporal se vaya conformando y correspondiendo cuanto se compadeciere con lo espiritual: los arzobispados y provincias de las religiones con los distritos de las audiencias; los obispados con las gobernaciones y alcaldías mayores, y parroquias y curatos con los corregimientos y alcaldías ordinarias."

Que esta Ordenanza se cumplió se comprueba con las diferentes resoluciones de las autoridades de la Colonia, en que al referirse al territorio de Honduras se dice que es el del Obispado de Comayagua.

La diócesis de Trujillo fue fundada el año de 1531 y posteriormente se trasladó la silla episcopal a Comayagua. Desde entonces tomó la diócesis el nombre de esta ciudad.

Expondremos brevemente los actos del Gobierno eclesiástico hondureño en los lugares que nos disputa Nicaragua; pues según lo que queda relacionado, probar hasta dónde llega la diócesis de Comayagua es justificar dónde termina la jurisdicción de la antes Provincia, Intendencia y hoy República de Honduras.

Con los establecimientos o colonias en la costa Norte de Honduras, el señor Obispo se vio en la necesidad de organizar de una manera conveniente el servicio espiritual de sus fieles. Así fue que nombró capellanes de Roatán, Río Tinto y Cabo de Gracias a Dios, y acordó en seguida que los expresados capellanes quedasen sujetos al capellán de Trujillo, quien tenía el cargo de Vicario foráneo.

Entre otros documentos que comprueban lo que dejamos expuesto, está el despacho que el Vicario General del Obispado de Honduras dirigió al Vicario de Trujillo para el examen de un testigo.

92.- MATRIMONIO

"Nos el Doctor D. Fran.co López de Arroyabe, Abogado de los R.s Consejos, Canónigo Doct.l de la Santa Iglesia Catr.l de esta ciudad de Comayagua, Rector del Trident.o de ella, Prov.or y Vic.° Gral. de este Obispado de Honduras por el Ilmo. Señor D.or Fr. Fern.do de Cadiñamos, Dignísimo Obispo de esta Diócesis del Consejo de S. M., &.- A Vmd., el S. D. Juan Chrisóstomo Martínez, Presbt.° Capellán del nuevo establecimiento de Trujillo; hacemos saber, como Josef Gabriel Falcón, soldado del Reximt.o de Infant.a de este Reyno, en prosecución de la información de su solt.a y libertad de estado para contraer matrimonio con Josefa Treviño, natural de esta ciudad, produjo por testigo a Miguel de Campo, soldado del propio Rexim.to que se halla destacado en ese puerto, expresando que es natural de la Villa del Boge, de donde también es el pretendiente, que ambos salieron juntos de su patria y, por consiguiente, le consta su libertad de estado; y con vista de lo pedido mandamos librar, y libramos el presente, por el cual ordenamos a Vmd., el referido Padre Capellán, que siendo requerido con él haga comparecer ante sí al citado Miguel de Campo y le tome su declaración jurada, preguntándole si conoce al expresado Josef Gabriel Falcón y qué tiempo hace que le conoce; si sabe y le consta que el dicho Falcón, cuando salió de la Villa del Boge a sentar plaza de soldado en la ciudad de Málaga, era soltero y libre de estado, sin ningún impedimento para el matrimonio que pretende contraer en esta ciudad; y si también sabe que desde aquel tiempo (que según resulta hace cosa de doce años) se ha mantenido soltero, sin haber contraído matrimonio ni esponsales con otra persona; y últimamente, si en su concepto se halla en el día en absoluta libertad de estado; haciendo que dé razón de sus dichos. Y evacuada dicha declaración a continuación de este despacho, nos lo devolverá original para proveer justicia según convenga.

"Dado en la ciudad de Comayagua, a veinte y cuatro de Ne. de mil set.s novt.a y un años.

(f) DR. ARROYABE.

Por m.do del Sr. Prov.or y Vic.° Gral.,

(f) MIGUEL IGN.o DE CASTRO.

Not.o"

"Puerto de Trujillo, y enero 31 de 1792.

"En vista del exhorto que antecede del S.or Prov.or y Vicario Gral. del Obispado, cometido a esta Vicaría, se le devuelve a Antonio Quintana el día mismo de la fha., en que lo ha presentado, para que como poderhabiente del interesado ocurra al Capellán del Cabo de Gracias, donde reside Miguel de Campo, cuya exposición se solicita y diligenciará el nombrado Capellán según se previene, con la que dará cuenta.

(f) JUAN XMO. MARTÍNEZ."

"Fr. Juan Ramón Palencia, de la Regular observancia de N. P. S. Fran.co, Pred.r y Cappn. del establecimiento del Cabo de Gracias a Dios.

"Habiendo llegado a mi poder la orden que antecede, con parecer de este S.r Comand.te accidental D.n Thomas Wallop, hice llamar a Miguel Campos, soldado del Regim.to de Infantería de este Reino; y haciéndole presente la precisa obligación del juramento y si en virtud respondía a lo que se le preguntase, respondió que sí.

1.a Preguntado que fue Miguel Campos, de si conocía a Josef Gabriel Falcón, soldado del referido Regim.to, respondió que sí le conoce desde que nació, por haber estado cuasi el más del tiempo juntos; que sabe también que es cristiano A. R. y oriundo en la Villa del Boge.

2.a Que no tiene impedimento para contraer los esponsales que pretende, respecto a ser libre y soltero.

3.a Que en cinco años que está en esta costa, apartado de d.ho Gabriel Falcón, ignora saber si es libre o si tiene por otras partes esponsales contraídos.

Todo lo cual da conforme y juró in verbo sacerdotis ser lo mismo que Miguel Campos ha declarado, el que por no saber escribir hace la señal de la Sta. Cruz. +

"Cabo de Gracias a Dios, 11 de Feb.° de 92.

(f) FR. JUAN RAMÓN PALENCIA."

Estos capellanes se entendían para el buen desempeño de sus cargos con la autoridad superior de Trujillo, de quien dependían para ciertos efectos que se relacionaban con el patronato.

"Señor Comandante:

"Por hallarse esta capilla sin lo preciso para su administración, hago presente su falta p.a que se dé la correspondiente providencia.

— Unos corporales.

— Una casulla morada, con manípulo, hijuela y cubre-cáliz morado.

— Una casulla verde, con estola, manípulo, hijuela y cubre-cáliz.

— Cera.

— Stos. Óleos.

— Un ritual nuevo (vulgo manual).

— Una cruz de metal.

"Cabo de Gracias a Dios, catorce de Oct.e de 1791.

(f) FR. JUAN RAMÓN PALENCIA."

El Comandante de Trujillo dirigió al Gobernador de la provincia, don Alejo García Conde, este oficio:

"Señor Don Alexo García Conde:

"He recibido por el correo de Río Tinto el adjunto memorial de aquel R. P. Capp., sobre la falta de ornamentos, y me parece conveniente pasarlos a V. S. para que, si se necesita el informe del Señor Obispo, pueda V. S. pedirlo y deliberar lo conblte. Ntro. Señor g.e a V. S. m.s a.s.

"Trux.° 7 de octubre de 1791.

(f) FRANCISCO SALABLANCA."

Con el siguiente documento se demuestra la jurisdicción que el Cabildo Eclesiástico de Comayagua tenía en Río Tinto y Cabo de Gracias a Dios:

"Comayagua, 20 de marzo de 1793.

"Nos, Predte. y demás vocales de la Rl. Junta de Diezmo de este Obispado.

"Por q.to en Rl. Junta celebrada a diez y seis de marzo de este año de noventa y tres se acordó lo siguiente:

"Teniendo presente que aún no se ha establecido la recaudación decimal en las parroquias de Omoa, Truxillo, Río Tinto y Cabo de Gracias, y que es muy importante que se lleve a debido efecto, atendiendo a las ningunas noticias que hay del producto de los diezmos de dichas costas del Norte e islas adyacentes, y a las dificultades que ocurren en ellas para la recaudación de ellos, que hasta ahora no han sido de utilidad; acordamos se ponga inmediatamente en administración y nombraron por Adm.or de los diezmos de las enunciadas feligresías de Omoa, Truxillo, Río Tinto y Cabo de Gracias a sus respectivos padres curas, señalándoles por su trabajo en este primer año la gratificación de una mitad del líquido producto de todo lo contado desde el quince del presente de marzo hasta igual fecha del año venidero, bajo de la obligación de llevar libro de cargo y data con toda individualidad, y de presentar al fin de año la cuenta correspondiente conforme ordenanza; y mandaron que al efecto se libre incontinentemente el despacho necesario, que exhibirán cuando les convenga a los respectivos Comands., para que auxilien la ejecución de sus cargos con la eficacia que exige el interés de N. S. Madre Iglesia y del Rl. Erario. Ello mediante, y para que tenga efecto, ordenamos y mandamos a todos los vecinos del establecimiento de Truxillo hallen y tengan por tal Administrador al Pad.e Capellán de dicho puerto y le impartan los auxilios necesarios para que logre el cobro de ellos.

"Fecho en Comayagua, a los veinte de marzo de mil setecientos noventa y tres años, con testigos.

(f) LICENCIADO VALERO.   (f) SAN MARTÍN
(f) JOSÉ B. CONTRERAS   (f) JOSÉ BALLESTEROS

A mediados del siglo pasado llegó a la República de Honduras el virtuoso misionero español don Manuel Subirana, y con la abnegación de los sacerdotes católicos que acompañaron a los conquistadores de América, emprendió sus trabajos apostólicos entre las tribus selváticas de Honduras. En pocos años logró fundar varios pueblos en los departamentos de Yoro y de Olancho, y convertir al cristianismo más de ocho mil indios, principalmente en el litoral del Norte. El señor Subirana daba cuenta de los progresos de su misión al Ilmo. señor Obispo de Comayagua, "por ser el Pastor general de

62

Honduras". En el informe de 27 de junio de 1864, decía el señor Subirana:

"Voy a dar a U. S. Y. una relación de la mentada costa: la costa Norte de Honduras comienza en el Cabo de Gracias a Dios, que dista 80 leguas de Trujillo y 120 de Omoa".

Siendo un mismo territorio el del Gobierno civil y el del eclesiástico, con sobrada razón nuestros primeros constituyentes redactaron el art. 4.° de la Constitución Política de Honduras de 11 de diciembre de 1825 de estos términos:

"Su territorio (el de Honduras) comprehende todo lo que corresponde y ha correspondido siempre al Obispado de Honduras."

Los principales mapas antiguos favorecen hasta cierto punto los derechos de Honduras en el terreno que le disputa Nicaragua. Como hemos encontrado una relación de aquéllos, la transcribimos[2]:

"La Geografía y Cartografía salieron de las tinieblas de la Edad Media y del crepúsculo matinal del Renacimiento con dos grandes Atlas: de Ortelio en 1558 y de Mercatore en 1594, a los que debe su fundamento la Geografía moderna.

En las ediciones de estos dos Atlas, el mapa de Centro-América no presenta ninguna división en provincias.

El primer gran Atlas que marcó un progreso sobre los de Ortelio y de Mercatore fue el de Cornelio Witfielt, titulado Descriptiones Ptolemaicoe, en Amsterdam, 1603; y en él se encuentra la primera división clara entre Honduras y Nicaragua. La primera está prolongada hasta el Lago y su afluente, y la segunda al Sur de dicho Lago. En 1611 se publicó el Atlas Novus de Enrico Hondio, de gran nombradía por su exactitud y por las reformas que introdujo, y en el que se ve que el límite entre Honduras y Nicaragua está puesto en el río Yare. En este importante trabajo se encuentra sobre Centro-América el comentario siguiente:

'Prefectura (Audiencia) Guatemalencis: tredecim provincias particulares complectitur: Chiapam, Soconusco, Suchitepec, Guatimalam (sic), Verapacem, Isalcos, San Salvatoris, San Michaelis, Chulutecam, Honduras, Teguzgalpam, Costam Ricam et Veraguam.'

---

[2] Vallejo. —Estudio.

Honduras, que Hondio declara la más considerable de todas (Proestantissima Provincia), comprende todo el país entre esta provincia, Costa Rica y el Atlántico, al Norte del río Yare. Al Sur del Yare se marca en la parte occidental a Nicaragua y en la oriental a Teguzgalpa. Al Sur de ésta se encuentra Costa Rica. En el comentario se mencionan las ciudades principales de ambas provincias. A lo largo del Yare, en la zona que queda al Sur del Cabo de Gracias a Dios, está escrito: Domicilia Indianorum."

"En 1651 se publicó la primera edición del atlas del cosmógrafo francés Sansón de Abbeville, que pone la línea divisoria entre Honduras y Nicaragua en el río Yare, que desemboca un poco al Sur del Cabo.

En el siglo XVII, varios de los más ilustres cartógrafos franceses representaron a las dos Repúblicas de Nicaragua y Honduras, poniendo sus límites en el río Yare. (Sansón, París, 1723; Delisle, París, 1725).

El Atlas Universal de Robert, editado en París en 1757, coloca el límite de Honduras en un río desconocido que desagua bastante al Sur del Cabo de Gracias a Dios.

El Atlas Geográfico de la América Septentrional y Meridional del español Thomas López, pensionista de S. M. en la corte de París y que dedicó al Rey don Fernando VI en 1758, fija los límites de Honduras en el Cabo de Gracias a Dios, comprendiendo las islas adyacentes.

El ilustre cartógrafo Danville, autor del mapa de América publicado en París en 1776, y que hoy mismo que se han hecho tantos progresos en las ciencias se puede consultar siempre con fruto, pone el límite de Honduras en una línea que corre paralelamente al S. del río Yare o Nueva Segovia.

"La Carta d'America del Danville (Parigi, 1776), sommo cartografo, i cui lavori possono anch'oggi, dopo tanti progressi della scienza e dell'arte, consultarsi con vantaggio, mette quel confine in una linea che corre parallelamente al S. del fiume Yare o N. Segovia."

El Atlas de Cassinis (Roma, Tipografía Camerale, 1772) coloca los límites de Honduras y Nicaragua en el río de Nueva Segovia, con su embocadura inmediatamente al Sur del Cabo de Gracias a Dios.

El de Tardieu, publicado en 1835 por los redactores del Diccionario Geográfico Universal, pone los límites de Honduras en el río de San Juan.

En mil ochocientos cuarenta y tres publicó en París Mr. de la Renandière el mapa de México y Guatemala, y señala el límite de Honduras algo al Norte del río de San Juan, y le asigna todo el país de los Mosquitos.

RELACIÓN DE LOS LÍMITES ENTRE HONDURAS Y NICARAGUA SEGÚN VARIOS AUTORES

"El cronista don Antonio de Herrera, en el cap. XIII, páginas 26, 27 y 28 de su obra titulada Historia General de los hechos de Castellanos en las Islas y Tierra Firme, al describir las provincias de Nicaragua y Honduras, les fija sus respectivos límites en el río Yare, Coco o Segovia."

El cosmógrafo-cronista Juan López de Velasco, en su Geografía y Descripción Universal de las Indias, de los años de 1571 al 1574, en la pág. 306 de la edición de Madrid, 1894, consigna textualmente lo que sigue:

"La provincia de Honduras, del distrito de Guatimala, por la parte de levante lo más oriental della, que es el Cabo de Gracias a Dios, está en 83° de longitud, desde donde va corriendo leste oeste al occidente más de ciento cincuenta o ciento sesenta leguas entre los paralelos 13° y 16½ de altura hasta el meridiano 93°, por donde, por el occidente, parte términos con las provincias de Guatimala y la Verapaz; por el mediodía la divide por Nicaragua el río de Yare, que corre por el paralelo 13° hasta cerca de Valladolid..."

"Así que la de Honduras (la República) comprende el territorio que le pertenecía como provincia. Sus límites son: por el N. y E., la bahía de Honduras y el mar Caribe, extendiéndose desde la boca del río Tinto, 15° 45' lat. N. y 88° 30' lon. O., hasta el Cabo de Gracias a Dios, en la boca del río Wanks o Segovia, en lat. 14° 59' y long. 83° 11', siguiendo una línea-costa de cerca de 400 millas. Por el S. confina con la República de Nicaragua. La línea divisoria sigue por el río Wanks hasta cerca de dos tercios de su extensión y desde allí, apartándose al S. O., hasta la cabeza del río Negro, continúa al golfo de Fonseca."

(E. G. Squier, Apuntamientos sobre Centro-América, edición de 1856, pág. 66).

"La línea divisoria entre Nicaragua y Honduras comienza en el Golfo de Fonseca, girando por el río Negro hasta la entrada del rillito

Torondana. De allí sobre el llano de Somoto Grande hasta las cercanías de Ococona, bajando al río Choluteca, incluso el pueblo de Santa María con su jurisdicción; y en seguida sube a la cordillera de Dipilto, tirando sobre la misma cordillera hasta la montaña de Jalapa, y de allí bajando con las primeras cabezas del río Bodega, que se junta con el río Coco o de Segovia; y de esta entrada saliendo la línea del mismo río hasta la embocadura en el Atlántico por el puerto y Cabo Gracias a Dios."

(Maximiliano Sonnenstern, Catecismo de Geografía para las escuelas primarias de Nicaragua, Managua, 1874, págs. 6 y 7).

"The Republic of Honduras is bounded on the north and east by the bay of Honduras and the Caribbean Sea, extending from the mouth of the River Tinto to the mouth of the Wanks or Segovia. On the south it is bounded by Nicaragua, the line of division following the Wanks for about two thirds of its length, and thence deflecting to the southwest, to the sources of the Río Negro, flowing into the gulf of Fonseca; it has a coast line of about sixty miles on this gulf from the Río Negro to the Río Goascorán."

(Hubert Howe Bancroft, History of Central America, vol. III, págs. 567 y 570. San Francisco: The History Company, 1887.)

"La frontière commune du Salvador et du Honduras est, on le sait, formée surtout par des cours de rivières, le Sumpul, le Lempa, le Torola, le Goascorán; enfin, du côté du Nicaragua, la limite est marquée, sur le versant de la baie de Fonseca, par le petit río Negro; puis un massif considérable de montagnes, la cordillère de Dipilto, constitue à la fois une barrière politique et une ligne de partage des eaux, le bassin du Choluteca, que descend à la mer du Sud, et celui de l'Ocotal, qui par le Segovia coule vers l'Atlantique. Ce dernier fleuve est ordinairement considéré comme appartenant à la fois aux deux républiques limitrophes."

(Élisée Reclus, Nouvelle Géographie Universelle, XVII, págs. 453-486.)

LA CAPITULACIÓN DE DIEGO GUTIÉRREZ NO CONFIERE NINGÚN DERECHO A NICARAGUA SOBRE LA COSTA MOSQUITIA

TOCANOS ahora examinar los fundamentos que tiene Nicaragua para querer ser dueña del gran número de leguas cuadradas de terreno que quedan comprendidas dentro de los límites que pretende, y de las inagotables riquezas naturales que hay en la región que disputa a Honduras.

En la primera acta de desacuerdo, la V, levantada en Danlí el 4 de julio de mil novecientos uno, los Comisionados de Nicaragua no procedieron con precisión al citar títulos generales en apoyo de sus derechos, pues teniendo la Comisión Mixta de Límites encargo de resolver de una manera amigable todas las dudas y diferencias pendientes y de demarcar sobre el terreno la línea divisoria que señalase el límite fronterizo de ambas Repúblicas, como lo dice el art. I del Tratado Gámez-Bonilla, debieron los Comisionados nicaragüenses haber concretado las disposiciones legales, los documentos históricos auténticos, las razones geográficas admitidas por el Tratado, y todo cuanto puede constituir el dominio y sumo imperio de una nación, para que todo esto se tomara en cuenta por la Comisión hondureña, y la Comisión Mixta de Límites resolviera lo conveniente con vista de las nueve reglas que expresa el artículo II del Tratado. Pero no:

"La Comisión Nicaragüense —dice el acta— se limita a hacer una indicación general de los documentos y razones que tiene en su apoyo, pues serán extensamente aducidos ante el Arbitramento."

Aquí está la explicación de por qué los Comisionados de Nicaragua eludieron en Danlí el examen de sus títulos y razones. Ellos, por una razón que no alcanzamos a comprender, querían arbitramento a todo trance. Felizmente, por haberse aceptado la propuesta de Honduras, el Árbitro es S. M. el Rey de España, quien sabrá dar la justicia al que la tenga.

Al fin del acta VIII, firmada en Amapala el nueve de agosto de mil novecientos cuatro, por las personas que componían la Comisión Mixta de Límites, los Comisionados de Nicaragua ostentaron un título legal que creen les da derecho a todo el territorio hasta donde llevan la demarcación de las fronteras de su país: este título es la "capitulación celebrada con Diego Gutiérrez, confirmada por otras cédulas reales", según afirma la Comisión de Nicaragua.

Examinaremos entonces esta capitulación para ver qué derechos confiere a Nicaragua. Pero antes creemos conveniente dejar consignados algunos datos históricos que pueden servir para el cabal conocimiento del asunto.

Pedrarias Dávila, primer Gobernador de Nicaragua, pidió en un extenso memorial dirigido a S. M. desde León, el 15 de enero de 1529, que de las provincias de Honduras, El Salvador y Nicaragua se hiciera una sola y que ésta la mandara proveer el Rey a quien fuere servido. Fácilmente se comprende que lo que quería Pedrarias, dueño absoluto de Nicaragua, era que fueran ampliadas las fronteras de su provincia. El Rey nada resolvió sobre el particular.

Dice Pedrarias:

"Lo que conviene al servicio de Dios e de V. M. e bien y aumento destos reynos e paz e sosiego dellos, es que Vuestra Majestad mande que estas dozientas leguas de tierra por la costa del Sur desde los dichos Cuchiras hasta Nequepio, e desde Nequepio hasta el golfo de las Higueras, que está en la mar del Norte, ques la derecha traviesa desde Nequepio, que está en la mar del Sur, hasta el golfo de las Higueras, que está en la mar del Norte, que ay de una mar a otra setenta leguas; y desde el dicho golfo de Higueras por la costa del Norte, hasta el puerto de Camarón, que ay otras dozientas leguas; y desde el puerto del Camarón hasta las Cuchiras, que están en la costa del Sur, por su derecha traviesa ay setenta y cinco leguas: que toda la tierra que entra dentro destos límites y partición sea una gobernación, y esta que V. M. la mande proveer a quien fuere servido, porque lo que yo deseo es acertar en el servicio de V. M."

El 24 de diciembre de 1534, el Rey celebró una capitulación con el capitán Felipe Gutiérrez para la conquista y población de Veragua. Si bien Gutiérrez pasó a Veragua, nada pudo hacer referente a lo que se había comprometido, por ser "bisoño en la tierra". Abandonó su empresa y huyó al Perú. Los límites de esta Gobernación se expresan en los términos siguientes de la Capitulación:

"…la provincia de Veragua, que es en la costa de Tierra Firme de las nuestras Indias del mar Océano, que es desde donde se acaban los límites de Castilla del Oro, llamada Tierra Firme, y fueron señalados a Pedrarias Dávila y a Pedro de los Ríos, gobernadores que fueron de la dicha provincia, por las provisiones que se les dieron, hasta el Cabo de Gracias a Dios."

La provincia de Nicaragua, siempre deseosa de aumentar sus tierras, elevó una exposición al Rey, por medio del Cabildo de León, el 25 de marzo de 1540, en la cual relata todos los trabajos y gastos que han tenido algunos empleados y vecinos de la provincia para descubrir el Desaguadero; y pide que al Gobernador de Veragua y a cualquier otro que no sea el de Nicaragua, sus capitanes y vecinos, se les prohíba intervenir en el descubrimiento de dicho Desaguadero y tierras a él comarcanas, pues está debajo de los límites de esta provincia.

"El Cabildo de León de Nicaragua a S. M. sobre el descubrimiento del Desaguadero.

A 25 de marzo de 1540.

S. C. C. M.t

"El Concejo, Justicia e Regimiento de esta cibdad de León, de las provincias de Nicaragua, besamos los Reales pies de V. M.t y decimos que ya por otras hemos hecho relación a V. M.t del estado desta tierra, y de cómo Rodrigo de Contreras, Gobernador desta provincia, ha procurado y procura con toda diligencia el servicio de Dios y de V. M.t, y que los naturales desta provincia sean muy bien tratados y industriados en las cosas de nuestra santa fee católica, muy mejor que se hacía antes que viniese a esta tierra, y en tener esta tierra en paz e justicia; y enviamos a suplicar a V. M.t nos hiciese mercedes de ciertas cosas que por una instrucción que enviamos a nuestro procurador decía que era pedir e suplicar nos hiciese mercedes de ciertas cosas que tocaban al descargo de la real conciencia de V. M.t y a la perpetuidad y acrecentamiento desta provincia. Especial nos hiciese merced de dar los indios perpetuos a esta provincia, y agora de nuevo tornamos a suplicar lo mismo, porque sabiendo los vecinos que los indios son perpetuos, con mejor voluntad los tratarán y industriarán en las cosas de nuestra Santa Fee Católica, que no teniéndolos solo por encomienda, y los indios se acrecentarán y verán mejor en conocimiento de Dios; y para esto y para lo demás que conviene a la perpetuidad desta tierra e vecinos della, a V. M.t suplicamos humildemente que lo que en nuestro nombre nuestro procurador pidiese, V. M.t lo conceda, pues son cosas que convienen al servicio de Dios y de V. M.t.

"Ya V. M.t habrá sabido la mucha noticia que se ha tenido del Desaguadero e tierras a él comarcanas desde que esta provincia se descubrió, y desta provincia han ido muchas veces a descubrir el Desaguadero que va de la laguna Dulce de la cibdad de Granada a la mar del Norte, y siempre los vecinos en los tiempos pasados han ido en esta demanda y hecho gastos. Especial el Gobernador Rodrigo de Contreras, e los Capitanes Diego Machuca e Alonso Calero, que han ido tres veces en esta demanda e han gastado mucha suma de pesos de oro por servir a V. M.t e saber el secreto de aquellas tierras; y el año pasado fueron los dichos Capitanes, aunque otras veces habían ido con dos bergantines y una barca grande e muchos españoles e cuarenta caballos, y fue nuestro Señor servido que el un Capitán fue el río abajo del Desaguadero e salió a la mar del Norte, e según dicen no hay desde la laguna de Granada por el Desaguadero e abajo hasta la mar del Norte cincuenta leguas; y el Capitán que salió a la dicha mar del Norte con un bergantín y cierta gente fue al Nombre de Dios en pocos días, y el otro Capitán fue por tierra falto de comida e se tornó a Granada con la gente que llevaba. El Capitán que fue al Nombre de Dios se tornaba él y su gente a aderezar para volver a descubrir lo encomendado por la gran noticia que tenía de ser las tierras comarcanas al Desaguadero muy ricas; y el doctor Robles, oidor de V. M.t y de su chancillería Real, que está en Panamá, sabido de la gente la noticia de la tierra rica, envió aquí por parte de un Hernán Sánchez, su yerno, Gobernador de Veragua, a hacer bergantines y gente para ir a lo que el Gobernador de esta provincia y sus capitanes habían descubierto, y envió a mandar so graves penas que no fuesen el Gobernador desta provincia ni sus capitanes a acabar de saber el secreto de aquellas provincias, ni fuese gente ninguna sino la de Hernán Sánchez, su yerno del dicho doctor Robles, que tiene a cargo la gobernación de Veragua. Suplicamos a V. M.t que pues desta provincia, desde que ella se descubrió, siempre los vecinos della han gastado y gastarán hasta acabar de saber el secreto del Desaguadero y de sus tierras a él comarcanas, que V. M.t no permita que el Gobernador de Veragua ni el doctor Robles ni otra persona alguna que sea fuera del Gobernador de esta provincia e sus capitanes e vecinos della se entremetan a querer quitar a esta provincia lo que tan propincuo e vecino le es e tanto que está a esta provincia, pues todo ello ha de ser para el servicio de V. M.t y acrecentamiento de su patrimonio real; y haciéndose por vía del Gobernador de Veragua no sabemos el fin o intento que tendrá, o si querrá él o el doctor Robles decir que pertenece al Duque de Veragua o a la Virreina su madre, o otros colores que les podrían dar; y V. M.t no permita que pues el Gobernador y sus capitanes y vecinos de esta provincia han gastado tanto en esta demanda, que el Gobernador de Veragua ni otro ninguno se entremeta en ello, pues está muy claro que dicho Desaguadero y tierras a él comarcanas están debajo de los límites desta provincia, que de mar a mar y aun por tierra de la una a la otra, aunque se hubiese de caminar por tierra, no hay sesenta leguas, pues que todo está descubierto e gastado por los mandamientos que V. M.t ha mandado a Rodrigo de Contreras, Gobernador desta provincia, e que V. M.t mande e provea que el doctor Robles ni la Audiencia de Panamá ni el Gobernador de Veragua se entremetan en esto del Desaguadero e tierras a él comarcanas, pues Su M.t tiene mandado por sus cédulas reales que se descubran, porque podría suceder muchos inconvenientes e muertes de hombres hacer lo contrario. Nuestro Señor la S. C. C. M.t guarde e prospere bienaventuradamente con mucha paz e obediencia del Universo. Desta cibdad de León de Nicaragua, XXV de marzo de 1540."

S. C. C. M.t

"Muy humildes vasallos que los Reales pies de V. S. C. C. Mag.t besan

JUAN NIETO
PEDRO DE SEGURA
R. AL° CERVICÓN, Regidor
LUIS DE MERCADO, Alcalde
JUAN DE URRETA
PEDRO DE BUYTRAGO, Alcalde."

Parece que el Rey no tomó en cuenta los servicios narrados por el Cabildo de León, pues ocho meses después celebraba con Diego Gutiérrez, hermano de Felipe de este apellido, la siguiente capitulación, que es la que da derechos a Nicaragua (!) para llevar sus límites hasta el cabo Camarón.

Provincia de Cartago
Capitulación con Diego Gutiérrez para la conquista de la...
Madrid, 29 de noviembre de 1540.

"EL REY.—Por cuanto por parte de vos Diego Gutiérrez me ha sido hecha relación que por la mucha voluntad que tenéis de nos servir, y del acrecentamiento de nuestra Corona Real de Castilla, os ofrecéis de ir a conquistar e poblar la tierra que queda para nos en la provincia de Veragua, e que asimismo conquistaréis las islas que hubiere en el paraje de la dicha tierra, en el mar del Norte, que no estén conquistadas, y de llevar destos nuestros reinos a vuestra costa e misión los navíos y gente y mantenimientos e otras cosas necesarias, sin que en ningún tiempo seamos obligados a pagar ni satisfacer los gastos que en ello hiciereis más de lo que en esta capitulación vos será otorgado, e me suplicasteis e pedisteis por merced vos hiciese merced de la conquista de la dicha tierra e de las dichas islas que estuviesen en su paraje e vos hiciese e otorgase las mercedes, e con las condiciones que de yuso serán contenidas, sobre lo que yo mandé tomar con vos el asiento y capitulación siguientes.

"Primeramente, vos doy licencia y facultad para que por nos y en nuestro nombre e de la Corona real de Castilla, podáis conquistar e poblar la tierra que queda para nos en la dicha provincia de Veragua, incluso de mar a mar, que comience de donde se acabaren las veinte e cinco leguas en cuadra, de que hemos hecho merced al almirante don Luis Colón, hacia el poniente, las cuales dichas veinte e cinco leguas comienzan desde el río de Velen inclusive, contando por un paralelo hasta la parte occidental de la bahía de Carabaro, y las que faltaren para las dichas veinte e cinco leguas se han de contar adelante de la dicha bahía por el dicho paralelo, y donde se acabaren las dichas veinte e cinco leguas comiencen otras veinte e cinco leguas por un meridiano Norte-Sur, y otras tantas comiencen desde el río de Velen por el dicho meridiano del dicho Norte-Sur, y donde las dichas veinte e cinco leguas se acabaren comiencen otras veinte e cinco, las cuales se han de ir contando por un paralelo hasta fenecer donde se acabaren las dichas veinte e cinco leguas, que se contaren más adelante de la bahía de Carabaro, de manera que donde se acabaren las dichas veinte e cinco leguas en cuadra, medidas de la manera que dicha es, ha de comenzar la dicha vuestra conquista e población y acabar en el Río Grande hacia el Poniente de la otra parte del cabo de Camarón, con que la costa del dicho río hacia Honduras quede en la gobernación de la dicha provincia de Honduras, e asimismo si en el dicho río hubiere algunas islas pobladas o por poblar de indios, y no estuvieren conquistadas y pobladas de españoles, las podéis vos conquistar, y que la navegación y pesca e otros aprovechamientos del dicho río sean comunes; e asimismo con tanto que no lleguéis a la laguna de Nicaragua con quince leguas, por cuanto estas quince leguas con la dicha laguna ha de quedar y queda a la gobernación de Nicaragua; pero la navegación y pesca de lo que a vos os queda en el dicho río y las dichas quince leguas y laguna que quedan a Nicaragua ha de ser común; e asimismo vos damos licencia para que podáis conquistar e poblar las islas que hubiere en el paraje de la dicha tierra en la mar del Norte, con tanto que no entréis en los límites ni términos de las otras provincias que están encomendadas a otros gobernadores ni a cosa que esté poblada o repartida por otro cualquier gobernador."

"Ítem: entendiendo ser cumplidero al servicio de Dios Nuestro Señor e nuestro, e por honrar vuestra persona e por vos hacer merced, prometemos de vos hacer nuestro gobernador e Capitán general de la dicha tierra e islas por todos los días de vuestra vida, e de un heredero cual por vos fuere nombrado e señalado, con salario de mil e quinientos ducados, e quinientos de ayuda de costa, que son por todos dos mil ducados, de los cuales gocéis desde el día que vos hiciereis a la vela en el puerto de Sanlúcar de Barrameda; los cuales dichos dos mil ducados de salario e ayuda de costa vos han de ser pagados a vos y al dicho vuestro heredero de las rentas e provechos a nos pertenecientes en la dicha tierra, que hubiéremos durante el tiempo de vuestra gobernación, e no de otra manera alguna."

"Otro sí: vos hacemos merced del oficio de alguacilazgo mayor de la dicha tierra e islas por todos los días de vuestra vida, e después de vuestros días, de un heredero vuestro, cual por vos fuese nombrado y señalado."

"Otro sí: vos hacemos merced de la tenencia de una fortaleza que os mandamos que hagáis en la dicha tierra en el puerto principal della, en la parte del que pareciere a vos y a los nuestros oficiales de la dicha tierra, la cual comencéis a hacer dentro de un año que llegareis al dicho puerto, y la tengáis acabada dentro de otros dos años luego siguientes, y con que sea de piedra si la hubiere, y si no de muy buena tapiería, que sea bastante para defender y ofender; y haciéndola como dicho es, vos hacemos merced de la dicha tenencia para vos e para dos herederos e sucesores vuestros, uno en pos de otro, cuales vos nombrardes, con salario de cien mil maravedís en cada un año, del cual habéis de gozar desde el día en que la dicha fortaleza estuviese acabada, a la cual habéis de hacer a vuestra costa, sin que nos ni los Reyes que después de nos vinieren seamos obligados a vos pagar lo que así gastareis en la dicha fortaleza; y no la habiendo comenzado y acabado en los dichos términos, mandamos a los nuestros oficiales de la dicha tierra que de vuestro salario la hagan y acaben, y hasta que se acabe no os paguen cosa alguna dél, y después de hecha proveeremos de la dicha tenencia a quien fuéremos servidos."

"Otro sí: por cuanto nos habéis suplicado vos hiciésemos merced de alguna parte de tierra y vasallos en la dicha tierra e islas, con el título que fuésemos servidos, y al presente lo dejamos de hacer por no tener entera relación dello, por la presente digo e prometo que habida información de lo que así vos conquistareis e poblareis, y sabido lo que es, os haremos la merced y gratificación condigna a vuestros servicios e gastos que en ello hiciereis con título e tierra; y es mi merced que entre tanto que informado proveamos en ello lo que a nuestro servicio y a la enmienda e gratificación de vuestros servicios e trabajos conviene, tengáis la dozava parte de todos los provechos e rentas que nos tuviéremos en cada un año en la dicha tierra e islas que así conquistareis y poblareis conforme a esta capitulación, quitadas las costas."

"Otro sí: vos damos licencia, como por la presente vos damos, para que destos nuestros reinos e señoríos e del Reino de Portugal e islas de Cabo Verde o Guinea, vos o quien vuestro poder hubiere, podáis llevar e llevéis a la dicha tierra, e no a otra parte alguna, cien esclavos, la tercia parte dellos hembras, libres de todos derechos a nos pertenecientes, con tanto que no los saquéis de la dicha tierra ni los llevéis a otras islas e provincias, so pena que si los llevareis y los vendiereis en ella, los hayáis perdido y los apliquemos a nuestra Cámara e fisco."

"Otro sí: vos damos licencia e facultad para que a vuestra costa podáis en la mar del Sur armar los navíos que os pareciere, e descubrir por la dicha mar las tierras e islas que no estuvieren descubiertas ni dadas en gobernación a persona alguna, e prometemos de vos proveer de la gobernación de lo que así descubriereis, según e de la forma que os habemos concedido y concedemos la dicha gobernación de Cartago."

"Otro sí: franqueamos a los que fueren a poblar la dicha tierra por cuatro años primeros siguientes, que se cuenten desde el día de la data desta, de almojarifazgo de todo lo que llevaren para proveimiento e provisión de sus casas, con tanto que no sea para vender."

"Otro sí: concedemos a los que fueren a poblar la dicha tierra e islas que así conquistareis e poblareis, que en los primeros tres años que corran e se cuenten desde primero día de enero del año que viene de quinientos e cuarenta e dos en adelante, que del oro que se cogiere en las minas nos paguen el diezmo, y cumplidos los dichos tres años, vayan bajando hasta el quinto; pero del oro y otras cosas que se hubieren de rescate o cabalgadas, o en otra cualquier manera, desde luego nos han de pagar el quinto de todo ello."

"Ítem: concedemos a los vecinos de las dichas tierras que les serán dados por vos los solares e tierras convenientes a sus personas, conforme a lo que se ha hecho y hace en la isla Española, y asimismo vos damos licencia para que en nuestro nombre, durante el tiempo de vuestra gobernación, hagáis la encomienda de los indios de las dichas tierras, guardando en ello las instrucciones e provisiones que vos serán dadas."

"Otro sí: como quiera que según derecho e leyes destos reinos, cuando nuestras gentes e capitanes de nuestras armadas toman preso algún príncipe o señor de las tierras donde por nuestro mandado hacen guerra, el rescate de tal señor o cacique pertenece a nos con todas las otras cosas muebles que fuesen halladas y que perteneciesen al mesmo; pero considerando los grandes trabajos e peligros que nuestros súbditos pasan en la conquista de las Indias, en alguna enmienda dellos e por les hacer merced, declaramos e mandamos que si en la dicha vuestra conquista e gobernación se captivare o prendiere algún cacique o señor principal, que todos los tesoros y plata y piedras e perlas que se hubieren dél por vía de rescate o en otra cualquier manera, se nos dé la sexta parte de ella, e lo demás se reparta entre los conquistadores, sacando primeramente nuestro quinto; y en caso que el dicho cacique o señor principal mataren en batalla o después por vía de justicia o en otra cualquier manera, que en tal caso de los tesoros e bienes susodichos que dél se hubieren justamente hayamos la mitad, la cual ante todas cosas cobren nuestros oficiales, sacando primeramente nuestro quinto."

"Otro sí: porque podría ser que los dichos nuestros oficiales de la dicha provincia tuviesen alguna duda en el cobrar de nuestros derechos, especialmente del oro y plata y piedras e perlas, así lo que se hallare en las sepulturas e otras partes donde estuviese escondido, como de lo que se hubiere de rescate o cabalgadas o en otra manera, nuestra merced e voluntad es que por el tiempo que fuéremos servidos se guarde la orden siguiente:"

"Primeramente mandamos que todo el oro y plata, piedras o perlas que se hubieren, en batalla o entrada de pueblo, o por rescate con los indios, se nos haya de pagar e pague el quinto de todo ello."

"Ítem: que de todo el oro y plata, piedras e perlas y otras cosas que se hallaren e hubieren, así en los enterramientos, sepulturas, cues o templos de indios, como en los otros lugares do solían ofrecer sacrificios a sus ídolos o en otros lugares religiosos, escondidos o enterrados en casa, heredad o tierra o en otra cualquier parte pública o concejil o particular, de cualquier estado o dignidad que sea, de todo ello y de todo lo demás que desta calidad hubiere y hallaren, ahora se halle por acaecimiento o buscándolo de propósito, se nos pague la mitad sin descuento alguno, quedando la otra mitad para la persona que así lo hallare y descubriere; con tanto que si alguna persona o personas encubrieren el oro y plata, piedras e perlas que hallaren e hubieren, así en los dichos enterramientos, sepulturas, cues o templos de indios, como en los otros lugares donde solían ofrecer sacrificios o otros lugares religiosos escondidos o enterrados de suso declarados, y no lo manifestasen para que se les dé lo que conforme a este capítulo les pueda pertenecer, hayan perdido todo el oro y plata, piedras e perlas y más la mitad de los otros sus bienes, para nuestra Cámara e fisco."

"E porque siendo informados de los males y desórdenes que en descubrimientos y poblaciones nuevas se han hecho y hacen, e para que nos, con buena conciencia, podamos dar licencia para los hacer, para remedio de lo cual, con acuerdo de los de nuestro Consejo e consulta nuestra, está ordenada y despachada una provisión general de capítulos sobre lo que habéis de guardar en la dicha población e conquista, la cual aquí mandamos incorporar, su tenor de la cual es este que sigue:"

("Está asentada en el libro del Poniente, sobre la capitulación que se mandó tomar con don Pedro de Alvarado.")

"Por ende por la presente, haciendo vos el dicho Diego Gutiérrez lo susodicho a vuestra costa y según e de la manera que de suso se contiene, y guardando y cumpliendo lo contenido en la dicha nuestra provisión que de suso va incorporada, y todas las instrucciones que adelante mandaremos dar e hacer para las dichas islas y provincias y para el buen tratamiento y conversión a nuestra santa fe católica de los naturales dellas, digo y prometo que vos será guardada esta capitulación y todo lo en ella contenido, en todo y por todo según que de suso se contiene; y no lo haciendo y cumpliendo así, nos no seamos obligados a vos guardar ni cumplir lo susodicho ni cosa alguna dello, antes vos mandaremos castigar y proceder contra vos, como contra persona que no guarda y cumple y traspasa los mandamientos de su Rey y señor natural; y dello mandamos dar la presente, firmada del muy Reverendo Cardenal de Sevilla, nuestro gobernador de las Indias, y refrendada de nuestro infrascrito secretario, fecha en la villa de Madrid a veinte y nueve días del mes de noviembre de mil y quinientos y cuarenta años.—Fray G. Cardinalis Hispalensis.—Por mandado de Su Majestad.—El gobernador, en su nombre, Pedro de los Cobos.—Señalada del doctor Beltrán, Obispo de Lugo.—Doctor Bernal.—Licenciado Gutierre Velázquez."

Hemos leído y vuelto a leer esta Capitulación, y no descubrimos qué derechos puede dar a Nicaragua sobre nuestra costa Mosquitia, pues ni una sola vez se nombra en ella a Nicaragua.

"...os ofrecéis de ir a conquistar e poblar la tierra que queda para nos en la PROVINCIA DE VERAGUA..."

"...vos doy licencia e facultad para que por nos y en nuestro nombre e de la Corona Real de Castilla podáis conquistar e poblar la tierra que para nos queda en la dicha PROVINCIA DE VERAGUA, incluso de mar a mar..."

"E las islas que hubiere...", etc.

Al dar el Rey la orden al Consejo de Indias para celebrar esta capitulación, le decía en carta de Bruselas de 16 de septiembre de 1540:

«Vi la consulta de 15 de junio. Cuanto al ofrecimiento que Diego Gutiérrez ha hecho de ir a conquistar y poblar a su costa la tierra que queda para nos en la provincia de Veragua, que desde la bahía de Zarabaro hasta el Cabo Camarón, que es lo que sobra de las veinte y cinco leguas de la merced del Almirante, y que asimismo conquistará las islas que hubiere en el paraje de dicha tierra en la mar del Norte que no estén conquistadas, e que para ello llevará de esos reinos la gente, mantenimientos y otras cosas necesarias: con que se le haga merced de la Gobernación de dicha tierra, y se le concedan las otras cosas que se acostumbran a los que hacen semejantes conquistas y que a vosotros parece que se le debe otorgar. Déselle la Gobernación y Capitanía general de dicha tierra e islas por su vida y la de un heredero, con salario de mil quinientos ducados, y quinientos de ayuda de costa, y demás el alguacilazgo mayor y de un heredero.»

En virtud de esta orden, se lee en la capitulación:

«Ítem: entendiendo ser cumplidero al servicio de Dios Nuestro Señor e nuestro, e por honrar vuestra persona e por vos hacer merced, prometemos de vos hacer nuestro gobernador e Capitán general de la dicha tierra e islas por todos los días de vuestra vida, e de un heredero cual por vos fuere nombrado...»

«Otro sí: vos damos licencia e facultad para que a vuestra costa podáis en la mar del Sur armar los navíos que os pareciere e descubrir por la dicha mar las tierras e islas que no estuvieren descubiertas ni dadas en gobernación a persona alguna, e prometemos de vos proveer de la gobernación de lo que así descubriéredes, según e de la forma que os habemos concedido y concedemos la dicha gobernación de CARTAGO.»

Por esta capitulación, pues, se crea una provincia en Veragua y se llama Cartago.

Para poner fin a la contienda que hubo entre Rodrigo de Contreras, gobernador de Nicaragua, y Diego Gutiérrez, gobernador de Cartago, dieron Sus Majestades el Emperador y la reina doña Juana una Real Provisión en Talavera a 6 de mayo de 1541, cuya parte conducente copiamos:

«En la villa de Madrid, a nueve días del mes de abril de mil e quinientos e cuarenta e un años, vistas por los señores del Consejo de las Indias de Su Majestad las suplicaciones en grado de revista interpuestas por parte de Rodrigo de Contreras, Gobernador de Nicaragua, y Diego Gutiérrez, Gobernador de la provincia de Cartago, mandaron que se dé carta de Su Majestad, para que el dicho Diego Gutiérrez pueda entrar por la boca del Desaguadero de la mar del Norte, y poblar y repartir en la costa de ambas partes del dicho Desaguadero, aunque esté descubierto por el dicho Rodrigo de Contreras o por los capitanes que hubiere enviado, con tanto que el dicho Diego Gutiérrez no entre en lo que el dicho Rodrigo de Contreras o los dichos capitanes hubieren poblado o repartido e poseyeren los encomenderos realmente en todo el dicho Desaguadero, en ambas las dichas costas, porque ansí le fue y está proveído por la capitulación que se tomó con el dicho Diego Gutiérrez; e que si cerca dello hubiere dudas, los oidores lo declaren, e mandaban que los dichos gobernadores guarden y cumplan lo susodicho, so pena de privación de las dichas gobernaciones; e ansí pronunciaban e mandaban en grado de revista; e ansí mismo mandamos que el dicho Diego Gutiérrez, ni los capitanes y gente que llevare agora ni en tiempo alguno, no puedan entrar ni entren en la dicha laguna ni en las quince leguas del Desaguadero, aunque no esté poblado ni descubierto por el dicho Rodrigo de Contreras; e agora por parte del dicho Rodrigo de Contreras nos ha sido suplicado le mandásemos dar nuestra carta e provisión para que lo contenido en el dicho auto, por los del dicho nuestro Consejo pronunciado en grado de revista, fuese guardado e cumplido o como la nuestra merced fuese, lo cual visto por los del dicho nuestro Consejo, fue acordado que debíamos mandar dar esta nuestra carta para vos, e nos tuvimos por bien; por lo cual declaramos e mandamos que vos el dicho Diego

Gutiérrez podáis entrar por la boca del dicho Desaguadero de la mar del Norte y poblar y repartir en la costa de ambas partes del dicho Desaguadero, aun que esté descubierto por el dicho Rodrigo de Contreras y por los capitanes que hubiere enviado, con tanto que no entréis en lo que el dicho Rodrigo de Contreras o los dichos capitanes hubieren poblado o repartido e poseyeren los encomenderos realmente en todo el dicho Desaguadero en ambas las dichas costas, porque ansí vos está prohibido por la dicha capitulación que con vos mandamos tomar; e si cerca de lo susodicho entre vosotros hubiere algunas dudas, mandamos que ocurráis a los nuestros oidores de la nuestra Audiencia y Chancillería Real, que reside en la ciudad de Panamá de la provincia de Tierra Firme, a los cuales mandamos que oídas las partes lo declaren; e lo que ansí declarasen y mandasen, mandamos a vos el dicho Diego Gutiérrez e al dicho Rodrigo de Contreras que ambos a dos seáis obligados a lo cumplir; e ansí mismo prohibimos, defendemos y mandamos a vos el dicho Diego Gutiérrez que vos, ni los capitanes y gente que llevareis agora ni en tiempo alguno, no podáis ni puedan entrar ni entren en la dicha laguna ni en las quince leguas del dicho Desaguadero, que por dicha vuestra capitulación os está prohibido y vedado, aunque no esté poblado ni descubierto por el dicho Rodrigo de Contreras; todo lo cual, como de suso se contiene e declara en esta nuestra carta, mandamos a vos el dicho Diego Gutiérrez e al dicho Rodrigo de Contreras que guardéis y cumpláis, cada uno lo que le tocare e atañere de cumplir, y que contra el tenor y forma dello no vayáis ni paséis por alguna manera, so pena de privación de las dichas gobernaciones que vos están encomendadas, e más de cien mil maravedís para la nuestra Cámara. —Fecha en Talavera a seis días del mes de mayo de mil e quinientos e cuarenta e un años.—Fr. García, Cardinalis Hispalensis.— Refrendada de Juan de Sámano.—Firmada del doctor Beltrán.— Obispo de Lugo.—Doctor Bernal.—Gutierre Velázquez.»

Insistió Diego Gutiérrez en querer ampliar las fronteras de su Gobernación; pero el Rey no se lo permitió, como aparece del siguiente pasaje de la Real cédula datada en Valladolid el 9 de mayo de 1545:

«3. Decís que por Su Majestad os fue mandado que no llegáredes con quince leguas a la laguna de Nicaragua, e que el Desaguadero que viene della está en mitad de la costa desa vuestra gobernación, e que subiendo por el río arriba del Desaguadero habrá hasta la boca de lo que los vecinos de Nicaragua llaman laguna veinte y dos o veinte y tres leguas, e que si con quince leguas vos no llegáredes allí, ansí sería en sí ninguna la merced que Su Majestad os hizo e habríades gastado vuestra hacienda, y suplicáis se mande dar declaración en ello: yo lo mandaré todo ver y se proveerá en ello lo que convenga y sea de justicia; entre tanto vos guardad lo que por vuestras provisiones e instrucciones vos está mandado.»

Gutiérrez trató de llevar a cabo lo estipulado en su Capitulación, y fundó una villa. No pudo hacer más porque fue muerto por los indios de su Gobernación el año de 1544.

En las Crónicas de la Provincia del Santísimo Nombre de Jesús de Guatemala, por fray Francisco Vásquez, tomo II, página 408, se cita una Real cédula escrita en Monzón a los 30 días del mes de octubre de 1547 y dirigida al licenciado Alonso López Cerrato, presidente de la Audiencia Real de los Confines, en la que el Emperador Carlos V manda que no se permita a un capitán que había salido de la Segovia poblar ni conquistar la provincia de Teguzgalpa (la Mosquitia), contra lo ordenado en las nuevas leyes que en orden a la conquista de las Indias se habían hecho…

Con el fallecimiento de Gutiérrez, los derechos que le daba la Capitulación pasaron a su hijo Pedro Gutiérrez de Ayala; causa por la que el Rey mandó se le notificase que dentro de cierto tiempo nombrara persona para la Gobernación. Gutiérrez de Ayala nombró a Juan Pérez de Cabrera, a quien se le extendió el 22 de febrero de 1549 el título de Gobernador y Capitán general.

«Valladolid, 22 de febrero de 1549.

Don Carlos, etc.…

Y porque fuimos informados que el dicho Diego Gutiérrez era fallecido, por los de nuestro Consejo Real de las Indias fue mandado notificar a sus herederos, no atribuyéndoles más derecho del que les puede pertenecer por virtud de la dicha capitulación, antes quedándonos en todo a salvo nuestro derecho en propiedad y posesión dentro de cierto término que para ello les señalaron, nombrasen persona para que fuese luego a tener la gobernación de Veragua (entretanto que se determina el pleito), que fuese persona calificada y bastante para el dicho oficio, porque así convenía a nuestro servicio y buena gobernación de aquella tierra, con apercibimiento que pasado el dicho término se proveería lo que conviniese; lo cual fue notificado a la parte de don Pedro Gutiérrez como hijo e heredero del dicho Diego Gutiérrez, y en cumplimiento dello nombró a vos Juan Pérez de Cabrera, vecino de la ciudad de Cuenca, como pareció por la petición de nombramiento, asiento e concierto firmado de su nombre y signado de escribano, que es del tenor siguiente:

S. C. C. M. Don Pedro Gutiérrez de Ayala, hijo legítimo y heredero de don Diego Gutiérrez, Gobernador y Capitán General que fue por V. Majestad de la provincia de Veragua y de todo lo demás que se contiene en la capitulación y asiento que por V. Majestad se mandó tomar con el dicho Diego Gutiérrez, a que me refiero, digo que el dicho Diego Gutiérrez, mi padre, es muerto como V. Majestad ya ha sabido, y por esta causa V. Majestad mandó que se me notificase que dentro de nueve días primeros siguientes nombrase persona que fuese a tener la gobernación de las dichas provincias, el cual mandamiento me fue prorrogado hasta el día de los Reyes primero que vendrá del año mil y quinientos y cuarenta y siete años; por ende, en cumplimiento de lo que me está mandado, nombro por tal Gobernador y Capitán General de la dicha provincia de Veragua y de las otras partes contenidas en la capitulación, para que vaya y tenga todo aquello que el dicho Diego Gutiérrez podía y debía tener y gobernar conforme a ella, excepto lo que abajo para mí retengo, a Juan Pérez de Cabrera, vecino de la ciudad de Cuenca, persona hábil y suficiente para tener los dichos oficios y todo lo demás que el dicho Diego Gutiérrez podía y debía tener, y persona que ha estado y residido en aquella parte y tiene mucha noticia dellas, y ha sido gobernador y Capitán general de los confines de Veragua por V. Majestad, y caballero hijodalgo y mayorazgo caudaloso y emparentado en estos reinos, y persona cual conviene para el servicio de Dios y de V. Majestad y bien y aumento de aquellas provincias... etc., etc.»

Juan Pérez de Cabrera debería llevar instrucciones de la Audiencia Real de los Confines, que nunca se le dieron. Tuvo por último que conformarse con la Gobernación de Honduras, a que fue promovido a propuesta de dicha Audiencia.

«Juan Pérez de Cabrera no pudo hacerse cargo de la Gobernación de Cartago, caducando así todos los derechos de Diego Gutiérrez y de su heredero don Pedro Gutiérrez de Ayala.

La provincia de Cartago o Costa Rica quedó sin proveer hasta que en 1560 la Audiencia de Guatemala dio comisión para conquistarla y pacificarla al licenciado Cavallón.»

Basta este ligero análisis para que cualquiera se convenza de que ni por la Capitulación de Diego Gutiérrez ni por cédulas posteriores ni siquiera anteriores tiene Nicaragua derecho a las tierras que pretende y que están legalmente en la jurisdicción de Honduras. Nicaragua y Cartago son dos provincias distintas.

No obstante esto, seguiremos este estudio hasta la constitución definitiva de las provincias circunvecinas de Nicaragua, siempre con el propósito de descubrir los derechos de la expresada República.

En Real cédula fechada en Toledo el 23 de febrero de 1560 se dan poderes e instrucciones al licenciado Ortiz, alcalde mayor de la provincia de Nicaragua, para poblar

«cierta tierra que hay entre la provincia de Nicaragua y la de Honduras, y el Desaguadero de la dicha provincia a la parte de las ciudades del Nombre de Dios y Panamá, entre la mar del Sur y la del Norte».

Es indudable que dentro de estos límites queda comprendida la provincia de Cartago, si acaso no es la misma, cuya Gobernación estaba vacante. No sabemos si el licenciado Ortiz hizo algo; pero lo que sí consta es que en Real cédula fechada en Toledo el 5 de febrero de 1561 y comunicada a la Real Audiencia de los Confines, decía el Rey:

«Nos habíamos proveído por nuestro Alcalde mayor de la provincia de Nicaragua al licenciado Ortiz, y le habíamos encargado la población de cierta tierra que está cerca de la dicha provincia, y otras cosas tocantes a nuestro servicio, y para todo ello le habíamos mandado dar provisiones, cédulas e instrucciones nuestras, las cuales originalmente, ansí y como se habían dado al dicho licenciado, os mando enviar con esta; y que por algunas causas cumplideras a nuestro servicio no conviene que el dicho licenciado Ortiz entienda en lo susodicho, habemos acordado que vaya a ello el licenciado Cavallón, por la satisfacción que tenemos de su persona…»

Se le dieron los poderes al licenciado Cavallón en Real provisión de 5 de febrero de 1561 y se le nombró Alcalde mayor de Nicaragua.

En recompensa de los trabajos del licenciado Cavallón, la Audiencia Real de los Confines le nombró el 17 de mayo de 1561 Alcalde mayor de las provincias de Nueva Cartago y Costa Rica.

Por haber pasado el licenciado Cavallón a Guatemala a desempeñar el cargo de fiscal de la Audiencia, esta nombró Alcalde mayor de las provincias de Nueva Cartago y Costa Rica a Juan Vásquez de Coronado, título que se le extendió el 2 de abril de 1562.

Mucho trabajó Vásquez de Coronado en la conquista y población de Costa Rica, y en remuneración de estos servicios y de otros que enumeró, pidió al Rey, en 1565, se le hiciera merced, durante la vida del peticionario, de la Gobernación de aquellas provincias de Costa Rica y Nicaragua; pero el Rey solo tuvo a bien darle, como él solicitaba, la Gobernación de Costa Rica, en cédula de 8 de abril de 1565. En esta misma fecha se le nombró Gobernador de Nicaragua por tres años, para facilitar la población de Costa Rica; se le dio el título de Adelantado de Costa Rica para él y sus sucesores, y se le hizo merced de cuatro leguas en cuadro donde él escogiese en esta provincia. En la instrucción del Rey a Juan Vásquez de Coronado para el buen gobierno de la provincia de Costa Rica, le marca los términos de ella, que son los mismos señalados en las últimas cédulas citadas.

«…habiéndose tenido noticia que entre la dicha provincia de Nicaragua y la de Honduras y el Desaguadero de Nicaragua, a la parte de las ciudades del Nombre de Dios y Panamá, entre la mar del Sur y la del Norte, estaba la dicha provincia de Costa Rica, donde había muchos indios…»

Llegamos a la última de las capitulaciones, que es la celebrada con el capitán Diego de Artieda el 1.º de diciembre de 1573, que copiamos en seguida en la parte pertinente.

"El Pardo, 1° de Diciembre de 1573

EL REY

«Por cuanto vos el capitán Diego de Artieda, con el celo que tenéis del servicio de Dios nuestro Señor y nuestro, y que la santa fe católica y ley evangélica sea ensalzada, y nuestra Corona, rentas y patrimonio real acrecentado, habéis propuesto y determinado de ir en nuestro nombre y a vuestra propia costa a descubrir y poblar la provincia que llaman de Costa Rica, en las nuestras Indias del Mar Océano, y procurar de traer al conocimiento de nuestro verdadero Dios, y a sujeción y obediencia nuestra los indios naturales della, y nos habéis suplicado os demos facultad para lo hacer, y sobre ello mandemos tomar con vos asiento y capitulación; y habiéndose visto por los del nuestro Consejo de las Indias, acatando lo susodicho y lo mucho que deseamos la conversión y doctrina de los indios naturales de la dicha provincia, y que en ella se les predique y enseñe nuestra santa fe católica y ley evangélica, y vengan al conocimiento della para que puedan salvarse, lo habemos tenido y tenemos por bien, y se ha acordado de mandar hacer y tomar con vos sobre el dicho descubrimiento y su población y pacificación, asiento, capitulación y concierto de la manera siguiente:»

«12. Primeramente, os damos licencia y facultad para que podáis descubrir, poblar y pacificar la dicha provincia de Costa Rica y las otras tierras y provincias que se incluyen dentro dellas, que es desde el mar del Norte hasta el del Sur en latitud; y en longitud, desde los confines de Nicaragua por la parte de Nicoya, derecho a los valles de Chiriquí, hasta la provincia de Veragua, por la parte del Sur; y por la del Norte, desde las bocas del Desaguadero, que es a las partes de Nicaragua, todo lo que corre la tierra hasta la provincia de Veragua…»

Una cosa singular hay en esta capitulación, y es la de fijarse definitivamente los límites de Costa Rica.

No se crea que el pasaje que dice «y por la del Norte desde las bocas del Desaguadero, que es a las partes de Nicaragua» signifique que lo que queda al Norte del Desaguadero (río de San Juan) sea de Nicaragua. No; tenía Nicaragua una parte del Desaguadero, la inmediata al lago, y por consiguiente dicho Desaguadero quedaba a las partes de Nicaragua; la otra parte pertenecía, según se ha visto, a la provincia de Cartago y quedó fuera de la capitulación.

La fracción de la provincia de Cartago desde el Desaguadero hasta el Cabo Camarón, que no correspondía a Nicaragua ni entró en la capitulación de Artieda y que se conocía con el nombre de la Taguzgalpa, mandó don Felipe II a la Audiencia de Guatemala, en

Real cédula de 10 de febrero de 1576, que celebrara capitulación con el capitán Diego López, regidor y vecino de Trujillo, en Honduras, para que la conquistara y poblara. La Audiencia confirió poder a su oidor Diego García de Palacios para que ajustase la capitulación en nombre de Su Majestad. El artículo 1.° de este documento dice:

«Primeramente le hará Su Majestad su gobernador y capitán general de la dicha provincia, que es toda la tierra que se incluye desde la boca del Desaguadero, a la parte del Norte, hasta la punta de Camarón; en el mismo rumbo donde comienza la provincia de Honduras, con toda la demás tierra adentro, hasta confinar con lo que ahora es término y jurisdicción de la provincia de Nicaragua y Nueva Segovia y lo que es de la de Honduras.»

El capitán López nada hizo en su provincia, y no se volvió a nombrar otro gobernador para ella. Se pensó entonces que solo por medio de la Religión podía conseguirse la conquista de las gentes de aquellas tierras. Varias misiones fueron a la Taguzgalpa con este fin, desde la que presidió fray Esteban Verdelete, en 1607, hasta la última a cargo de fray Gregorio José Orellana, en 1820.

Tampoco encontramos en los últimos documentos relacionados nada sobre los derechos que alega Nicaragua. Son provincias independientes Honduras, Nicaragua, Nueva Cartago y Costa Rica; Costa Rica y la Taguzgalpa, y todas ellas tienen sus límites bien demarcados. Estos documentos nada conceden a Nicaragua, y si ella no acepta los límites marcados en las reales cédulas de 23 de agosto de 1745, en que al nombrarse Gobernador de Honduras al coronel de Vera se le dice que su jurisdicción comprende desde Yucatán exclusive hasta el Cabo de Gracias a Dios, y en que se nombra para Gobernador de Nicaragua al brigadier Fernández de Heredia, señalándole por territorio de su mando el que hay desde el Cabo de Gracias a Dios hasta el río Chagres, tendrá que convenir en que la Mosquitia nicaragüense, o sea la tierra que se extiende desde donde termina la comarca del Cabo de Gracias a Dios hasta el río San Juan, no le pertenece.

Como tal vez Nicaragua quiera alegar por fundamento de sus derechos que el Obispo de esta provincia entendía en las cosas espirituales de Cartago, y en todo lo referente al culto, es preciso recordar que esto fue por expreso mandato del Rey, tomando en consideración lo cerca que estaban dichas provincias, y no porque las dos constituyeran una sola.

«Valladolid, 9 de mayo de 1545.

EL PRÍNCIPE.—Reverendo en Cristo padre, Obispo de la provincia de Nicaragua, del Consejo del Emperador Rey mi Señor, sabed: que Diego Gutiérrez, gobernador de la provincia de Cartago, dice que ahora nuevamente ha poblado en la dicha provincia un pueblo que se llama la villa de Santiago y que entiende en poblar otros, y porque conviene que entre tanto que por Su Majestad se provee prelado en la dicha provincia, vos, pues estáis tan cerca della, entendáis en las cosas espirituales y en que el servicio de las iglesias y el culto divino esté con aquella reverencia y limpieza y recaudo que conviene, y en que haya clérigos que administren los santos sacramentos en las iglesias della; y de los diezmos de la dicha provincia habéis de llevar la cuarta parte y las otras tres cuartas partes se han de distribuir en los ministros eclesiásticos que actualmente sirvieren en la dicha provincia y en los reparos y ornamentos de las iglesias della; y porque soy informado que Francisco Bazo, clérigo, reside en la dicha provincia y ha servido en ella, informaros heis si es persona de buena vida y ejemplo, y hallando que lo es y concurren en las calidades que se requieren, proveeréis como sirva de cura en la iglesia de la dicha villa que ansí se ha poblado en la dicha provincia. Fecha en la villa de Valladolid, a nueve días del mes de mayo de mil y quinientos y cuarenta y cinco años.—Yo el Príncipe.—Refrendada de Sámano.—Señalada del Cardenal y Bernal y Velázquez y Gregorio López y Salmerón.»

Creemos que Nicaragua en esta vez, con el estudio que ella haga de sus límites y con los pocos datos que le hemos suministrado, reconocerá que la han lanzado a una litis sin razón alguna; y oyendo la voz de sus grandes hombres, desistirá de querer llevar su línea fronteriza al Norte del Cabo de Gracias, sobre el territorio hondureño.

Insertamos ahora diferentes pasajes de documentos de hombres públicos de Nicaragua en que consta que la frontera de esta República no pasa del Cabo de Gracias a Dios.

«...Demostrado esto, me queda solamente que ostentar que los límites de los Estados de Honduras y de Nicaragua son los mismos que habían sido reconocidos cuando estos Estados formaban una provincia del antiguo Reino de Guatemala; es decir, los de Honduras, desde el Estado de Guatemala, por el Oeste, hasta el Cabo de Gracias a Dios, por el Este, Sureste y Sur; y desde el Golfo de Conchagua, en el mar Pacífico, hasta el Océano Atlántico, por el Este, Nordeste y Norte, con sus islas adyacentes en los dos mares: los límites de Nicaragua son: por el Este, el Mar de las Antillas; por el Norte, el Cabo de Gracias a Dios, que la separa del Estado de Honduras; por el Oeste, el Golfo de Conchagua; por el Sur, el Océano Pacífico; y por el Sudeste, el Estado de Costa Rica…»

(Circular expedida de Bruselas el 25 de septiembre de 1844, a los Gobiernos de París, Bruselas, Madrid, Prusia, Holanda y Estados Unidos de Norteamérica, por don Francisco Castellón, Ministro Plenipotenciario de Nicaragua y Honduras.)«…La 4.ª, sobre la satisfacción que merece el hecho perpetrado el mismo año por Mr. James Macdonald, Comandante del brik Charybdis, obligando por la fuerza al Administrador de dicho puerto de San Juan, señor José de la Tijera, a firmar un documento por el cual reconocía que este puerto era perteneciente al territorio Mosquito, y que los salvajes forman una nación independiente de Nicaragua, no obstante el derecho conocido que el Estado tiene sobre todo el litoral del Atlántico, desde el Cabo de Gracias a Dios, del lado del Norte, hasta la línea que le separa del Estado de Costa Rica, según lo tengo demostrado en la comunicación que dirigí a V. G. el 25 de septiembre último…»

(Nota dirigida a Lord Aberdeen, Ministro de Negocios Extranjeros de S. M. B., en 23 de noviembre de 1844, por don Francisco Castellón, Ministro Plenipotenciario de Nicaragua y Honduras.)

«…Así es que por una derivación natural, legítima y congruente continuó siendo parte integrante del Estado de Nicaragua la que le corresponde en la costa del Atlántico, en que los agentes ingleses suponen a los indios mosquitos un territorio exclusivo desde el Cabo de Gracias a Dios hasta la margen septentrional del río San Juan de Nicaragua en su desembocadura al mismo mar, donde forma la bahía y puerto de este nombre, a los 10° 56' 37" lat. N., 83° 43' 14" long. O. de Greenwich…»

(Memoria dirigida por el Ministro de Relaciones Exteriores de Nicaragua, don Pablo Buitrago, a la Asamblea Constituyente del mismo Estado.)

«…En 1844 un buque de guerra del servicio de S. M. B. condujo a las costas del Norte de este Estado al señor Patricio Walker en calidad de Cónsul General cerca del jefe de las tribus mosquitas, a quien impropiamente denominan Rey, cuya residencia se fijó desde entonces en Blewfields. Este acto, que por sí solo revelaba la tendencia del Gabinete inglés a apropiarse todo el litoral de la costa llamada de Mosquitos, alarmó, como era natural, a los pacíficos habitantes del Estado; y nuestro Ministro Plenipotenciario acreditado en esa Corte, correspondiendo a la alta confianza con que se le había honrado, dirigió a Londres, en 25 de septiembre del mismo año de 1844, una reclamación que inserto a V. E., desde Bruselas, y con una protesta análoga al asunto. V. E. me permitirá le recomiende ahora la lectura de aquella pieza, en la cual se demuestra con razones incontestables de hecho y de derecho el título con que Nicaragua ha poseído, usado y gozado siempre todo el territorio que se comprende entre los límites del Cabo de Gracias a Dios y la línea que separa a este Estado del de Costa Rica… reiterando al mismo tiempo la declaración que el señor Francisco Castellón, Ministro Plenipotenciario del Estado, hizo a esa Corte en su nombre en septiembre de 1844, y la que posteriormente dirigió en 1848 a V. E. el señor J. de Marcoleta, su Encargado de Negocios cerca de las Cortes de Bélgica y Holanda.»

(Circular dirigida por el Ministro de Relaciones Exteriores de Nicaragua, don S. Salinas, a los Gobiernos de Europa, el 16 de marzo de 1848.)

«En 1844 un buque de guerra del servicio de S. M. B. condujo a las costas del Norte de este Estado al Sr. Patrick Walker en calidad de Cónsul General de aquel Gobierno cerca del jefe de las tribus mosquitas, a quien impropiamente denominan Rey; cuya residencia se fijó desde entonces en Blewfields. Este acto, que por sí solo revelaba lo que había de suceder después, alarmó, como era natural, a los pacíficos habitantes del Estado; y nuestro Ministro Plenipotenciario acreditado en la Corte de París, correspondiendo a la confianza con que se le había honrado, dirigió a la de Londres, en

25 de septiembre del mismo año de 1844, una declaración y protesta análoga al asunto, en la cual se demuestra con razones incontestables de hecho y de derecho el título con que Nicaragua ha poseído, usado y gozado siempre todo el territorio que se comprende entre los límites del Cabo de Gracias a Dios y la línea que separa a este Estado del de Costa Rica; reiterando como reitera solemnemente la declaración que el señor Ministro Plenipotenciario del Estado hizo a las Cortes de Europa en su nombre en septiembre de 1844...»

(Manifiesto del Supremo Director del Estado de Nicaragua, don José Guerrero, a los Gobiernos de América, marzo 20 de 1848.)

«...3.ª El reconocimiento de la independencia lo solicitará el señor Marcoleta bajo los expresados límites de las leyes del antiguo Reino de Guatemala, que son: por el Este y Nordeste, el mar de las Antillas desde el río de Reventazones hasta el Cabo de Gracias a Dios; por el Norte, el río de San Pedro y la sierra situada entre Danlí y Segovia; por el Noreste, el río Guasaule; por el Oeste, el golfo de Conchagua; por el Sur, el mar Pacífico; por el Sureste, el río del Salto que limita al Estado de Costa Rica...»

(Instrucciones conferidas al Sr. José de Marcoleta, Ministro Plenipotenciario y Enviado Extraordinario del Supremo Gobierno del Estado de Nicaragua cerca del de S. M. la Reina de España.)

RESUMEN DE LO DEMOSTRADO

Los puntos capitales de este alegato están plenamente probados por documentos auténticos y con los libros y mapas en él citados, todos los cuales acompañan a este alegato según la relación que al fin va inserta.

Resulta de lo expuesto en apoyo de la línea que sostiene Honduras:

1.° Que conforme a las Reales cédulas de 23 de agosto de 1745, en las que se nombran los Gobernadores de Honduras y de Nicaragua, coronel don Juan de Vera y brigadier don Alonso Fernández de Heredia, respectivamente, los límites de ambas Repúblicas por el lado del Atlántico los fijó el Rey de España en el Cabo de Gracias a Dios.

2.° Que por la ley 7.ª, tít. 2.°, libro 2.° de la Recopilación de Indias, está mandado que los términos de los Gobiernos civil y eclesiástico sean unos mismos, y que el Obispo de Comayagua ejerció jurisdicción en Río Tinto y Cabo Gracias a Dios, por lo que estos establecimientos y lo que comprendían pertenecen a Honduras.

3.° Que los Gobernadores de Honduras, a quienes estaba mandado, como a las autoridades de su clase, por la ley 15.ª, tít. 2.°, libro 5.° de la Recopilación de Indias, visitar los términos de su provincia, y prohibido por la ley 1.ª, tít. 1.°, libro 5.° de la Recopilación de Indias invadir ajenas jurisdicciones bajo severas penas, afirman en sus informes al Rey de España, de las visitas practicadas, que los límites de Honduras llegan al Cabo de Gracias a Dios y su comarca.

4.° Que las autoridades superiores del Reino de Guatemala y las de Honduras reconocieron en los documentos oficiales referentes a los establecimientos del Norte, que Trujillo, Río Tinto, Cabo Gracias a Dios y Blewfields eran de la Intendencia de Comayagua.

5.ª Que en los mapas, desde los más antiguos hasta los más modernos, está trazada la línea divisoria con Nicaragua por el río Segovia hasta su desembocadura en el Atlántico; y que la generalidad de los geógrafos e historiadores, inclusive los señores Ayón y Levy, están de acuerdo en que las fronteras de Honduras llegan hasta el Cabo de Gracias a Dios.

6.° Que el Gobierno de Honduras, desde la Independencia para acá, ha estado en posesión y ha ejercido actos de soberanía en el territorio demarcado por la Real cédula de 23 de agosto de 1745.

7.° Que la República de Nicaragua ha variado su línea divisoria con Honduras muchas veces, ya llevándola a un punto, ya a otro, conforme conviene a sus intereses.

8.° Que Nicaragua no ha probado ni podrá probar nunca ser sucesora a título singular o universal de Diego Gutiérrez, pues el único heredero de éste, y en quien caducó la capitulación, fue su hijo Pedro Gutiérrez de Ayala; que, por lo demás, la dicha capitulación y las imaginarias «cédulas que la confirman», y que invoca Nicaragua, se refieren a la provincia de Cartago, a la de Cartago y Costa Rica y a la de la Taguzgalpa, provincias distintas de la de Nicaragua.

9.° Que si el Obispo de Nicaragua ha entendido en las cosas espirituales de la provincia de Cartago, fue por expresa disposición del Monarca español y porque las dos provincias estaban cerca; pero no porque Cartago y Nicaragua hayan formado alguna vez una sola provincia.

10.° Que el Gobierno de Nicaragua y los principales hombres públicos de dicha República antes de ahora siempre han reconocido en documentos oficiales que los límites de Nicaragua llegan hasta el Cabo de Gracias a Dios.

En mérito de los fundamentos que anteceden, de las leyes citadas, de las reglas que contiene el artículo II del Tratado Gámez-Bonilla, y estando a favor de Honduras el uti possidetis de jure de 1821,

A Vuestra Majestad Católica

SUPLICAMOS sea muy servido decidir en el laudo: que la línea divisoria entre Honduras y Nicaragua es la que señalaron los Comisionados de Honduras en el acta celebrada en la ciudad de Danlí el cuatro de julio de mil novecientos uno, en los términos ya reproducidos al principio, y que copiamos ahora nuevamente:

«Del Portillo de Teotecasinte, término de la tercera sección de la línea divisoria ya demarcada y lugar donde se forma una de las principales cabeceras del río Limón, la línea limítrofe continúa aguas abajo por el cauce de este río hasta donde se une con el río Guineo; sigue la corriente de las aguas por el cauce común, llamado río Poteca, hasta su confluencia con el río Segovia; de allí por el centro del propio río Segovia hasta llegar a un punto situado a veinte leguas geográficas de distancia recta y perpendicular de la costa atlántica, el cual punto corresponde aproximadamente con el encuentro del río Trincara y el mismo río Segovia; en ese punto se deja este último río y la línea cambia hacia el Sur sobre un meridiano astronómico hasta intersectar el paralelo de latitud geográfico que pasa por la desembocadura del río de Arena y de la laguna de Sandy Bay, sobre el cual paralelo prosigue la línea hacia el Oriente, desde la indicada intersección hasta el océano Atlántico.»

Señor:
A los Reales pies de Vuestra Majestad,
Madrid, 20 de marzo de 1905.
El Ministro Plenipotenciario de la República de Honduras,
(f) ALBERTO MEMBREÑO.
El Abogado de la República de Honduras,
(f) Ldo. FRANCISC…

APÉNDICE

DECRETO EN QUE SE CREA EL DEPARTAMENTO DE COLÓN

Marco Aurelio Soto, Presidente Constitucional de la República de Honduras[3].

Considerando: Que el extenso territorio que forma el Departamento de la Mosquitia tiene muy escasa población, la mayor parte de indios selváticos, y establecida casi en su totalidad en la costa del Atlántico, quedando, por consiguiente, aislada de las demás poblaciones del interior;

Que debido a la falta de personas idóneas para ejercer los destinos públicos en dicho Departamento, ha sido gobernado hasta hoy por un delegado de las autoridades del de Olancho;

Que por tales causas no ha podido atenderse como es debido al progreso material de aquella sección importante de la República ni a la instrucción y bienestar de sus moradores;

Que entre la Mosquitia y Trujillo, ciudad que reúne los elementos necesarios para ser capital de Departamento, pueden establecerse fáciles y frecuentes relaciones marítimas, que indudablemente serán de gran provecho a los intereses comerciales de aquel litoral;

Que la misma ciudad de Trujillo lucha con graves dificultades para el desarrollo de sus propios intereses, debido a la gran distancia que la separa de la ciudad de Yoro, capital del Departamento a que pertenece; y

Que es conveniente a los intereses generales del país allanar los obstáculos que se oponen a una buena administración, por tanto,

DECRETA:

1.° Segregar el círculo de Trujillo del Departamento de Yoro.

2.° Formar de dicho círculo, unido a la Mosquitia, un nuevo Departamento de la República.

3.° Erigir en capital de este Departamento a la ciudad de Trujillo.

---

[3] La Gaceta, Tegucigalpa, 24 de diciembre de 1881. No. 140.

4.° Dar al Departamento así formado el nombre de Departamento de Colón; y

5.° Autorizar al Secretario de Gobernación para que disponga lo conveniente a fin de que el Departamento de Colón quede organizado en el próximo mes de enero del año entrante.

Dado en Tegucigalpa, en la Casa de Gobierno, a los diecinueve días del mes de diciembre de 1881.

MARCO A. SOTO.

El Secretario de Estado

en el Despacho de Gobernación,

E. GUTIÉRREZ.

Y por disposición del señor Presidente, publíquese y cúmplase.

GUTIÉRREZ.

INFORME ACERCA DEL DEPARTAMENTO DE COLÓN EN EL QUE SE COMPRENDE LA MOSQUITIA HONDUREÑA

Trujillo, julio 23 de 1882.

Señor Ministro de Gobernación del Supremo Gobierno de la República.

Al formarse este Departamento, el señor Presidente tuvo a bien honrarme con el nombramiento de Gobernador Político.

Desde mi aceptación me preocupó la organización del Departamento, y no conociendo el carácter y costumbres ni el terreno y población que lo constituyen en su mayor parte, no pude dar un paso adelante.

Misión de la estadística es hacer conocer al gobernante desde su puesto los más apartados rincones de su jurisdicción; hacer ver y comprender los males, y los medios de remediarlos. La estadística enseña todas las situaciones, y cuando se llega a tener un conocimiento exacto de ella, la legislación es más sabia, la aplicación de la ley más propia y equitativa, la posición del gobernante más sólida, y la marcha social más ordenada, pura y conveniente para todos.

Tales son mis ideas sobre estadística y su necesidad. En consecuencia, concebí la idea de nombrar una comisión de hombres capaces, para que, recorriendo todo el Departamento y haciendo un estudio científico de él, la formen de la manera más completa posible.

Efectivamente, formé la Comisión, y la expedición partió de esta ciudad el 13 de abril próximo pasado, con dirección al Cabo de Gracias a Dios, y ha regresado llenando su cometido, dándome cuenta con el informe que, en copia, me hago el honor de acompañar a Ud.; deseando que, siquiera en parte, satisfaga los elevados propósitos de progreso que animan al ilustrado personal del Supremo Gobierno, y del distinguido Departamento de Estado que es a su digno cargo.

Con todo respeto, soy de Ud. humilde, seguro servidor,

(f) FRANCISCO CÁCERES.

PERSONAL DE LA COMISIÓN

Señor Coronel don Manuel Fleury, jefe director; don Juan José Martínez, agrónomo y mineralogista; don Pascual Ordóñez, ayudante; don José Verheyleweghen, ayudante; don Juan Procopio Mazier, intérprete.

Señor Gobernador Político y Militar del Departamento.

Señor:

La Comisión que os servisteis nombrar para la formación de la Estadística y estudios del nuevo Departamento de Colón, de vuestro mando, se hace el honor de daros cuenta del resultado de sus trabajos y observaciones en el siguiente

INFORME

No pretendemos, señor, presentaros un trabajo acabado como debiera y es de desear, porque esto es imposible para nosotros, ni tampoco solicitamos una disculpa por las faltas de que precisamente adolece; sino haceros presente que la falta de los instrumentos necesarios para obtener la precisión matemática que tan delicados como importantes trabajos exigen; la necesidad de salvar los accidentes físicos del terreno, y los consiguientes obstáculos con que frecuentemente hemos tropezado; la falta de datos y de personas que nos los pudiesen suministrar, y la circunstancia de ser éste el primer trabajo de su clase que se practica, nos han colocado en la necesidad de estudiarlo todo con asiduidad sobre el mismo terreno, y a valernos de los artificios recomendados por la práctica para obtener en muchos casos los resultados por aproximación, aunque bastante cerca de la realidad.

El Departamento de Colón, recientemente creado y formado de un círculo del de Yoro y el territorio Mosquitio, se ve obligado a conservar la forma municipal en el primero, y a adoptar otra nueva en el segundo, adaptable a su particular modo de ser y a las peculiares circunstancias que le acompañan, a fin de que las dificultades que se oponen al establecimiento del sistema municipal desaparezcan y pueda entrar en el orden constitucional. Estas mismas razones, y otras de más bulto, han obligado a la Comisión a no poder presentar una Estadística tan acabada como era de desear y existía en la mente y en el ánimo de ella; pues el círculo de Trujillo, durante su larga dependencia de Yoro, no conserva datos históricos ni de ninguna clase, debido a la incuria de las autoridades que lo manejaron, y que tampoco se cuidaron del cumplimiento de recogerlos y archivarlos. Otro tanto sucede con la Mosquitia, de donde poco o nada se ha podido investigar, a causa del punible abandono con que siempre se ha mirado esta interesante parte del Estado, al carácter selvático e ignorante de sus moradores y a la dificultad de comunicación que presenta la diversidad de idiomas.

La supina ignorancia de los vicentinos (1) y de los indios que pueblan la Mosquitia no permite darle otra división que la propuesta, puesto que en la actualidad no podrían reunirse veinte hombres que puedan leer y escribir malamente, y ninguno que pueda prestar el servicio de auxiliar de barrio. Estas circunstancias, acompañadas del carácter retraído de los indios, han enervado en cierto modo los esfuerzos del señor Gobernador del Departamento y los de la Comisión misma, porque a la dificultad de hablar con ellos, cuando esto se consigue, la desconfianza con que lo hacen no les permite ser muy explícitos y comunicativos. Por otra parte, no conservan ninguna tradición de su pasado, ni recuerdan nada del presente, haciéndose muy difícil entenderlos, porque el idioma que hablan es una mezcla del de varias tribus que se han refundido en una sola, y está muy plagado de voces inglesas, mal pronunciadas todas y descompuestas muchas.

Sin embargo, el primer paso está dado, y aunque adolezca de las imperfecciones y deficiencias de la Comisión y de una ciencia enteramente nueva entre nosotros, el estudio y la observación que en adelante se haga las remediará y dará su verdadera perfección, pues descansa en la ancha base que queda preparada y abierto el camino para la adquisición de los datos que no ha podido obtener la repetida Comisión.

(1) Damos este nombre a los morenos llamados impropiamente caribes, por haber sido traídos de la isla de San Vicente, perteneciente al grupo de las islas de Sotavento, el año de 1796, como 5,000 morenos que desembarcaron en Roatán, y después el Gobierno los pasó a la costa de este puerto.

TRUJILLO, CAPITAL DEL DEPARTAMENTO DE COLÓN

Este interesante puerto en la costa Norte de la República puede ostentar con orgullo haber sido el primer punto del continente americano que pisara el inmortal Genovés. Habiendo arribado a la isla de Guanaja y mirado desde allí las montañas de la tierra firme que le quedaban al frente, dirigió sus naves al Sur, y el 4 de agosto de 1502 llegó a la punta que llamó de Casinas y que hoy se encuentra en los mapas con el nombre de cabo de Honduras o Punta de Castilla, seguramente por corrupción, y tomó posesión formal en nombre de la Corona de Castilla. Permaneció algunos días y después zarpó con sus naves, siguiendo rumbo al Este, y sufriendo mil penalidades y peligros descubrió el río Tinto, conocido hoy con el nombre de río Negro; practicó los reconocimientos que creyó convenientes y volvió a continuar su viaje, siempre en dirección al Este. Después de una dilatada navegación en que apuró la copa del sufrimiento, llegó a un lugar donde, dando la tierra una vuelta precipitada al Sur, forma el cabo conocido por de Gracias a Dios, cuyo nombre le puso por gratitud, pues fue su primera exclamación de placer al considerar terminados los multiplicados riesgos y sinsabores que había experimentado para llegar a él sano y salvo.

Habiendo pretendido practicar un reconocimiento en el río que desemboca en la extremidad del cabo antes mencionado, envió un bote con varios marineros, el cual al pasar la barra fue envuelto por la rompiente, perdiéndose y perdiendo la vida los que lo tripulaban;

con este motivo puso al río el nombre del río del Desastre, que hoy se conoce por el de Segovia.

MOSQUITIA

Haciéndose imposible dividir la Mosquitia en círculos y municipios, atendido el estado de atraso de las gentes que la pueblan, con vista del estudio que acabamos de hacer, y que a nuestro juicio es la mejor que se le puede dar, nos atrevemos a proponer la siguiente

DIVISIÓN

La Mosquitia se dividirá en tres distritos, de este modo:

Distrito 1.°—Desde la margen derecha del Aguán hasta la izquierda del río Negro.

Distrito 2.°—Desde la margen derecha del río Negro hasta la izquierda del río Butuco.

Distrito 3.°—Desde la margen derecha del río Butuco hasta el CABO DE GRACIAS A DIOS, o sea la margen izquierda del río Segovia.

Estos son los límites longitudinales; y los latitudinales, desde las riberas del mar hasta las montañas de Olancho, o sea el límite Sur del Departamento.

Las cabeceras de estos distritos serán: la del primero, Iriona; la del segundo, La Criba; y la del tercero, Caratasca.

En cada distrito habrá un Gobernador, cuyas funciones serán las de los Gobernadores de Círculo o de los Alcaldes, con las demás que el Supremo Gobierno tenga a bien anexarle.

Habrá tres guardas, uno para cada distrito, cuyas funciones serán las mismas que las de los guardas de los puertos, debiendo recorrer constantemente la costa para impedir los contrabandos, vigilando cuidadosamente que las canoas no salgan sin su correspondiente pase, ni retornen sin el que debe acreditar haber rendido su viaje y volver al puerto de su salida.

Los Gobernadores de distrito despacharán los pasaportes para las canoas y archivarán los de retorno, que les serán entregados por los guardas; estos empleados rendirán sus cuentas al Subgobernador y éste al señor Administrador de la Aduana de Trujillo, quien los finiquitará y solventará.

Para que no tengan lugar de alegar que introducen contrabandos por falta de estancos donde proveerse de lo que necesitan, como lo hacen hoy, se establecerán los estancos que crea necesarios el señor Administrador de la Aduana de Trujillo, cuidando que no se carezca en ellos de las especies fiscales.

Se autorizará a los Gobernadores de distrito para que con presencia de los guardas registren las pequeñas introducciones que hagan las canoas en sus propios distritos, con sujeción al arancel aduanero vigente y demás prescripciones del caso, cobrando los derechos de presente y remitiéndolos cada dos meses a la Administración de Hacienda del Departamento con las formalidades y requisitos que se ordenen, practicándose todo bajo la supervigilancia y responsabilidad del Subgobernador.

Se nombrará un Subgobernador Político, Militar y de Hacienda, del cual dependerán todos los empleados, que serán nombrados por el señor Gobernador Político y Militar y el Jefe de la Hacienda de este Departamento, a propuesta del Subgobernador o como mejor se crea conveniente.

El Subgobernador nombrará Alcaldes auxiliares en donde los crea más convenientes para expeditar la acción gubernativa y la administración de justicia.

El Subgobernador sumariará en caso de faltas a los empleados subalternos, conforme a las leyes, remitiendo las diligencias al señor Gobernador Político para su sentencia. Los Subgobernadores serán responsables, personal y directamente, del cumplimiento de este deber.

En las causas de contrabando instruirá las primeras diligencias y las remitirá con el reo al Jefe de Hacienda para el plenario.

Hará establecer el mayor número de escuelas posible, conforme a las necesidades de cada pueblo, y cuando los niños sean muy pocos podrá reunir en una sola los de dos o tres aldeas inmediatas.

También hará construir iglesias para la moralización de los indios, haciéndoles olvidar sus groseras creencias. Asimismo les obligará a andar vestidos y se esmerará en su instrucción, empleando para todo la persuasión.

El Subgobernador imprescindiblemente permanecerá cuatro meses en cada distrito, vigilando la conducta de los funcionarios subalternos, las necesidades que el desarrollo de los pueblos vaya creando y los medios que deban emplearse para su mejoramiento, proponiéndolos al señor Gobernador para su aprobación, si son de su resorte; y caso contrario, para que las eleve al conocimiento del Supremo Gobierno.

Como cada año salen a trabajar fuera del país de setecientos a ochocientos hombres con destino a los cortes y empresas de Belice, contratados desde seis hasta doce meses, ganando 8 o 10 pesos y la manutención, y los cuales regresan en el mes de diciembre; si calculamos por término medio que cada uno traiga $50 para su casa, tendremos que traen de 35 a 40.000 pesos empleados en pólvora, fusiles, licores, tabaco, venenos, abalorios y algunos otros géneros que introducen de contrabando por carecer en todo este extenso territorio de un solo establecimiento donde surtirse de lo indispensable a sus necesidades y de una persona que vigile los intereses de la Hacienda.

La falta de trabajo en el país les obliga a salir fuera a proporcionárselo donde lo encuentren. Estos brazos que van a fomentar y servir intereses extraños, bien pueden aprovecharse en el país si el Supremo Gobierno, dispuesto siempre a ejercer su paternal bondad sobre estos desgraciados indios y a desarrollar la agricultura e industria, adopta el plan que aconseja el estado actual de este territorio.

El Gobierno posee un territorio inmenso, del cual ninguna utilidad reportan ni él ni los pueblos que lo ocupan: en tal concepto, para desarrollar el trabajo y la civilización, nada sería más conveniente que el repartimiento de estos mismos terrenos entre los que quisieran ocuparlos y cultivarlos en un término dado, reconociéndoles desde luego la propiedad y directo dominio de ellos; pero con la precisa condición de que aun cuando sus trabajos los establezcan donde quieran y les convenga, deberán reunirse a vivir en poblado, fabricando sus casas y viviendo en sociedad para que se les facilite el adelanto, la educación y la moralidad, y que garantizándoseles sus personas e intereses, se les despierte al propio tiempo el amor a la propiedad, sentimiento desconocido hasta hoy entre ellos.

Triste, tristísimo es tener que manifestar que nuestra Iglesia, tan exigente en el cumplimiento de sus derechos, se haya abandonado de una manera tan punible en el cumplimiento de sus deberes. Mentira parece que en 70 u 80 pueblos o aldeas que se encuentran en la Mosquitia, habitados por cerca de 3,000 indios, que cuentan desde uno hasta setenta u ochenta años de edad, no haya uno solo que esté bautizado, no haya uno solo que haya oído hablar del Dios de los cristianos, no haya uno solo, en fin, que tenga idea de lo que es virtud y moralidad. Bueno sería que alguno de los que se llaman ministros del Crucificado, lleno de la abnegación que corresponde a su ministerio, se dejase correr por allí y redujese a estos desgraciados a abandonar las groseras creencias en que descansa la religión que practican. Pero que no hiciesen lo que el padre Subirana, que después que bautizó algunos pocos, los dejó sumidos en su disparatada religión.

Como uno de los medios más propios para el desarrollo de la agricultura, sería muy conveniente que, produciéndose el tabaco en gran cantidad y de regular clase, se les permitiese libre la siembra, a condición de que vendan sus cosechas al Gobierno, si así conviniere, a los precios que se estipulen. Además es necesario también crear establecimientos donde los agricultores puedan cambiar sus productos, porque desconociendo el valor de la moneda y las cualidades del metal, de ninguna manera la admiten y todas sus transacciones las efectúan por el cambio.

En Brus Laguna, Cropunta y algunos otros puntos donde tuvimos lugar de hacer algunas observaciones y aconsejar a los indios para que se dedicasen a trabajar la agricultura en grande escala, nos contestaron, con tanta habilidad como justicia, que era inútil nuestro consejo, pues no teniendo a quien venderle sus productos ni pudiéndolos tampoco consumir con sus familias, los tendrían que arrojar a los animales, y que por tanto no lo hacían: que su ignorancia, sus costumbres y su modo de ser eran los que habían heredado de sus antepasados: que como ni los Gobiernos ni los hombres que han pasado se han ocupado en enseñarles otra cosa mejor, están obligados a conservarse en el mismo estado; pero que si el Gobierno hacía lo que se les acababa de decir, estaban dispuestos a aceptar la civilización que se les ofrecía.

El gran número de caballerías de tierra que abraza la Mosquitia se presta a toda clase de cultivos; el café, el cacao, la caña, el arroz, los frijoles, la yuca, el plátano y todo cuanto se siembra en él, se da con extremada abundancia. El ganado, cuyo extraordinario tamaño llama la atención, se cría perfectamente; el pasto es tan abundante, que bien puede calcularse que algunos centenares de miles de cabezas que se colocaran allí, tardarían muchos años en consumirlo. Pero lo que más llama la atención es que en aquellas inmensas llanuras que la vista no alcanza a terminar, y en donde las pocas elevaciones del terreno no pasan de un metro de alto sobre la superficie general del plano, se encuentran en todas direcciones grandes ocotales, que si se explotasen producirían muchos millones de pesos. El algodón, sin cultivo ni beneficio de ninguna clase, se produce con mucha abundancia y de calidad superior.

Por todas partes se encuentran indicaciones auríferas, y en algunos puntos se ven manchas y piedras ferruginosas que hacen creer que si se cavara a alguna profundidad, se hallaría carbón de piedra. El cuarzo se encuentra en mucha abundancia, y el terreno, generalmente, es de formación aluvional.

Es un grave error creer que la Mosquitia necesita de una colonización extranjera para desarrollar los elementos de riqueza que encierra. Contando con más de 2,000 indios y otros miles de hondureños que están ausentes de su país, pero que se podrían volver a avecindar en él si se les crease una propiedad, como se ha dicho, se obtendría la deseada colonización sin necesidad de tocar con los extranjeros, que demandan gastos que el país no está en condiciones de soportar: el éxito dependería de la organización que se le diese, y, a nuestro juicio, es lo más hacedero y lo único que puede hacer próspero o desdichado al territorio aludido y a sus moradores, tanto tiempo abandonados.

Desde luego, si nos detenemos en la consideración de que a los indios que lo pueblan deban acordárseles los mismos derechos y consideraciones que la Constitución y las leyes dispensan a los hombres civilizados, según el sistema republicano, debemos concluir con que todo cuanto se haga será completamente inútil. Hacer esta concesión a hombres que ni la conocen ni saben apreciar su valor, equivaldría a pretender encontrar un grano de arena dado en el fondo del Océano.

En el estado actual en que se encuentran los indios, es necesario excogitar un medio que los prepare de una manera conveniente para el ejercicio de los derechos de hombres libres que se les hayan de conceder. Hacer lo contrario, a nuestro modo de ver, sería llevarlos de un estado completamente desconocido a otro más difícil de conocer: prepararlos paulatinamente es el gran trabajo que se debe emprender con estudio y precaución, para que una sorpresa no les haga odiosa la transformación que en ellos se pretenda operar.

La gran República americana nos presenta un ejemplo de lo que acabamos de decir: concedió a los indios todos los derechos acordados al ciudadano civilizado y los dejó viviendo en holganza y en sus propias costumbres: ellos no comprendieron lo que se les daba, y ningún uso hicieron de ella: la dádiva por sí sola no era bastante para civilizarlos como se solicitaba, hasta que han venido a ser al fin una carga pesada, que no pudiendo soportar los ha colocado en la dura necesidad de adoptar toda clase de medios conducentes a su desaparición del país. Así han conseguido extinguir la raza y así acabarán con ella.

Las Repúblicas del Plata, Chile y otras de las del Sur de América, jamás dieron tales derechos a los indios, sino que los declararon en tutela, hasta que la civilización, penetrando en ellos, les hizo comprender el valor de lo que se les había dado. Si nosotros, siguiendo aquel ejemplo, los constituimos también en tutela y nos dedicamos a educarlos, instruirlos y a enseñarles a trabajar, fácilmente adelantarán ellos y el país, y cuando ya hayan comprendido bien el valor de aquellos derechos, se les retirará la tutela y ellos entrarán a disfrutar los de ciudadanos libres y las consideraciones de hombres útiles a la sociedad en que moran.

Esta tutela, bien ordenada y atendida, dará positivamente los resultados apetecidos; pero si, por el contrario, se establece una administración como la que se dio en Yoro a los indios xicaques, los resultados serán tan fatales como los de aquélla, que mientras los indios no alcanzaban una vara de tela para cubrir sus carnes, los administradores se enriquecieron en dos o tres años, como ya sucedió. Esta tutela quedó reducida a la explotación del hombre por el hombre.

Así, pues, bajo un sistema tutelar bien meditado, y escogidos por el Gobierno los hombres que deban desarrollarlo, la Mosquitia no necesita de colonización extraña, puesto que ella por sí, con sus propios elementos, bien combinados y colocados en manos hábiles y capaces, puede hacerse próspera y feliz en cuatro o seis años.

Los tutores deberán ser hombres adornados de inteligencia, energía, actividad, honradez y patriotismo a toda prueba, para que los trabajos sean eficaces y den los resultados que se buscan; pero si desgraciadamente se atiende a que los tutores estén bautizados con un nombre de médico, abogado o general, que, en verdad, nada significan si no van acompañados de las condiciones que hemos expresado o si se dan a personas a quienes solamente se trata de favorecer con el destino, los males se multiplican extraordinariamente, nuevas explotaciones se pondrán en práctica, y en último término vendrá a colocarse a los indios en un estado más calamitoso que el que hoy guardan.

Las autoridades establecidas hasta ahora, con excepción del general Ordóñez y don J. M. Aguirre, han sembrado entre los indios tal horror y espanto con sus exacciones, que apenas se les aproxima un hombre huyen despavoridos cual si lo hicieran de una fiera. Los han sentenciado desde a un mes a dos años de presidio, y han cumplido sus condenas trabajando en las fincas particulares de las mismas autoridades que los han sentenciado. Les han quitado por vía de multas su ganado vacuno y caballar, y por último, los han obligado a trabajar en su servicio, a pretexto de que era para el Gobierno. Tan punible como atroz conducta, precisamente ha dejado subsistentes consecuencias que no es posible hacer desaparecer por el momento. La idea que hoy tienen del Gobierno y de los hombres les infunde tal desconfianza, que con sólo que se les hable del primero o se les presenten los segundos, es bastante para que se refundan en lo más oculto de las montañas, de donde no quieren salir, pues sólo allí se consideran a salvo con sus intereses de las arterías y latrocinios de los hombres.

Sin embargo, la índole naturalmente dócil del indio, que se presta con facilidad a la instrucción, hará desaparecer esos temores, y les despertará el amor al trabajo por medio de la dulzura y empleando un gran respeto en lo que toca a sus propiedades. Un trato dulce, como se ha dicho, sin violencias ni tropelías, podrá con facilidad hacerlos a nuestro lado e infundirles confianza, convenciéndoles con nuestra palabra y el ejemplo de que lejos de pretender hacerles males, se les trata de civilizar para que sean felices.

Convencida la Comisión del buen resultado que esta medida deberá reportar, desearía que el Supremo Gobierno la estudiase detenidamente y, salvando las dificultades que nuestra mente no ha podido penetrar, la pusiera en práctica, empleando en ella el tiempo y dinero que deberán emplearse en traer colonos extranjeros. De este modo las colonias serían de naturales del país, que jamás lo abandonarían, y la civilización se derramaría sobre más de dos mil indios, que de la condición de salvajes en que hoy se encuentran se elevarían a la categoría de hombres y de ciudadanos. El país y la humanidad recogerían estos beneficios.

Además, en Belice, Corozal, Nicaragua y otros puntos, existen miles de hondureños que por faltas leves o huyendo de las inscripciones militares anteriormente decretadas se encuentran enriqueciendo con su trabajo a lugares extraños. Si el Gobierno, en uso de su paternal solicitud, les solventase aquellas responsabilidades y los llamara al seno de sus familias y de su patria, no hay duda que haría dos beneficios: uno particularmente a ellos, y otro al país.

Estos hombres serían tanto más útiles, cuanto que durante su ausencia han tenido ocasión de perfeccionarse en el cultivo de la caña, café y algunas otras producciones agrícolas, puesto que sembrarían sus conocimientos entre nuestros campesinos, enriqueciendo con su trabajo el suelo que hoy se ve privado de brazos.

En los primeros días del mes de junio, en que llegó esta Comisión a Caratasca, no pudo menos que experimentar una gran sensación de dolor al penetrarse de lo que pasaba. Los pueblos de Yajuvavila, Crata, Uji, Tanyin, Mistroc, Casang, Ajurayeri, Raya o Suinta, Laca y Cauquira, estaban llenos de mujeres y niños, y sólo se encontraban tres viejos que contaban de setenta y cinco a noventa años de edad, pues los hombres habían salido en 17 canoas para Belice en busca de trabajo, y cuatro más para traer efectos para un tal Paysano, Squelton y otros; estos efectos serán introducidos de contrabando lo mismo que los que introducirán los trabajadores a su regreso, privando de este modo a la Hacienda de sus derechos y al país de su trabajo.

Los grandes males necesitan grandes remedios, y este abuso exige que se corte de raíz, y para ello es indispensable prohibirles que tengan embarcaciones, para evitar de este modo el tráfico de contrabando, el abandono de la agricultura e industria del país y el llevar a vender sus productos a Belice, con perjuicio del comercio de Trujillo, que debe ser el centro comercial del Departamento.

Obligar a los capitanes a presentar al guarda del lugar donde entraren su despacho en forma legal, y si no lo hicieren así, júzgueseles como contrabandistas. Este despacho será recogido por el guarda que le dé la entrada, y lo pondrá en manos del Gobernador del Distrito, que lo presentará a la rendición de sus cuentas. Del mismo requisito necesitarán las canoas que salgan de los puertos.

Hemos indicado antes de ahora la apertura de una comunicación fluvial desde Iriona al Segovia, y creemos muy fácil y de poco costo, según está indicado por la misma naturaleza.

En las grandes avenidas de los ríos, las aguas, buscando su natural declive, han formado ciertas zanjas y canales que ponen en comunicación todos los ríos y lagunas entre sí; las corrientes han arrastrado la superficie de la tierra, dejando una huella que indica claramente que si ésta se profundizare hasta una vara o menos, más baja que la superficie de las aguas, aquélla no se secaría nunca y facilitaría en todo tiempo el tráfico de pipantes, tan necesario al desarrollo de la agricultura y el comercio, salvando de todo punto el riesgo que corren las embarcaciones a la entrada y salida de los ríos por tener que atravesar la rompiente tan fuerte de sus barras.

En la época de las lluvias, y cuando los ríos hacen sus derrames y llenan aquellos canales, todo el tráfico se hace por ellos sin temor de ningún riesgo.

Por otra parte, como hemos hablado de avenidas de ríos, queriendo evitar el temor que esta idea pueda despertar en los agricultores respecto de sus trabajos, bueno será advertirles que estas avenidas tienen lugar generalmente en los inviernos, haciéndose más sensibles por la cantidad de lluvias que caen, que puede calcularse hasta en tres metros; pero también es menester tener presente que, teniendo el terreno un declive que, aunque insensible a la vista por la gran extensión de él, da una corriente bastante fuerte a los canales que lo pueblan y que hace volver en seguida las aguas a su primitivo estado, dejando el terreno con una humedad conveniente a las plantas por espacio de mucho tiempo. Si se estudiara convenientemente el terreno, no es difícil se viniese en conocimiento de la utilidad de estas avenidas, puesto que dejan preparada la tierra para los trabajos que después se hayan de emprender en ellas, como sucede en Chile, que, faltando las lluvias, los ríos hacen dos desbordamientos anuales que equivalen a una irrigación constante. En nuestro juicio, esto tiene algo de parecido, y sólo así se explica que reinando en la actualidad una seca general, en que por todas partes se pierden las siembras, en la Mosquitia, reinando la misma seca, no se conocen sus efectos, llamando mucho nuestra atención la abundancia de pasto que en todas partes se advierte; por consiguiente, los derrames de los ríos sobre los terrenos no deben preocupar en ningún caso la mente del agricultor.

Para efectuar la canalización con todo el buen éxito que se desea, aconsejaríamos el establecimiento de una penitenciaría en el punto más conveniente, que a nuestro juicio es Caratasca.

Establecida la penitenciaría y acumulados allí todos los sentenciados a trabajar, juzgados por las autoridades de todos los Departamentos, fácilmente se reuniría un número de trabajadores que podrían realizar la canalización en muy poco tiempo; el Estado, que hoy se ve obligado a hacer grandes dispendios en ellos y a tenerlos encerrados en los presidios viviendo en la holganza, utilizaría sus trabajos y economizaría los jornales, y el temor que ese castigo infundiría en los descarriados prevendría muchos delitos y evitaría males y castigos.

Esta canalización, que habría de facilitar la comunicación y transportes de una extensión de 8 a 10 millas cuadradas, sería un gran aliciente para el desarrollo de la agricultura, para la explotación de los valiosos productos que allí se encuentran, y atraería una colonización espontánea que desarrollara con más fuerza la agricultura, la industria y el comercio.

Concluida que fuese la canalización, los confinados podrían dedicarse a hacer grandes siembras u otros trabajos, cuyos productos ingresarían en las cajas del establecimiento; al mismo tiempo, si los empresarios particulares necesitasen de brazos para llevar adelante sus trabajos, podrían facilitárseles con las precauciones necesarias, e ingresando los jornales en las mismas cajas, la penitenciaría se llegaría a encontrar, en fin, con un capital suficiente para acometer las empresas que mejor convinieran a sus intereses.

El establecimiento llevaría su cuenta corriente a cada confinado, de los gastos que expendiera y del producto de sus trabajos durante su confinamiento, y ésta se saldaría a su salida.

Por otra parte, si el establecimiento emprendiera la explotación de los inmensos ocotales que pueblan el territorio llamado Mosquitia, sus fondos aumentarían de una manera tal, que el Gobierno, lejos de tener que hacer desembolsos para su sostenimiento, obtendría anualmente un sobrante que poder utilizar en otras atenciones. El éxito de esta empresa, precisamente dependería de la buena organización que se dé al establecimiento, del buen sistema que se adopte para los trabajos y de las aptitudes y honradez de la persona que se encargue de su dirección.

Antes de concluir esta parte del informe volvemos a llamar la atención del Supremo Gobernante sobre lo necesario, necesarísimo que se hace la presencia de las autoridades en la Mosquitia, para cortar abusos de gran bulto que hoy se están cometiendo.

Los hacendados de Nicaragua, no teniendo en sus haciendas pastos para sus ganados y huyendo de la contribución que allí pagan por cabeza, trasladan sus ganados al territorio hondureño, donde hoy existen.

Los comerciantes establecidos en el Cabo hacen introducciones por el río Segovia que vienen a realizar en los pueblos de Honduras.

Los empresarios de hule (caucho) establecidos en el mismo Cabo están extrayendo éste, el tuno y otros productos de los montes de Honduras, y en el río Butuco existe una empresa de hule, sin permiso del Gobierno, cuyos productos exporta para Belice.

Otro abuso escandalosísimo se comete con frecuencia a causa de la falta de autoridades.

Los moradores de ambas orillas del Segovia, cuya mayor parte son criminales de los dos Estados de Honduras y Nicaragua refugiados allí, cometen toda clase de crímenes que quedan sumidos en la impunidad con sólo pasarse al lado opuesto del en que se ha cometido el crimen. Este orden de cosas, que no debe ni puede prolongarse por más tiempo, confía la Comisión que nuestro Supremo Jefe lo remediará, tan luego tome conocimiento de lo que allí pasa.

INFLUENCIA DEL REY MOSQUITIO EN ESTA PARTE
DE LA REPÚBLICA

Público es el esfuerzo que ha desplegado Inglaterra desde hace mucho tiempo por la adquisición del territorio mosquito.

El Gobernador de Jamaica, Frelanney, solicitó de los jefes indios mosquitos, en 1740, una concesión a favor de la Corona Británica, la cual le fue hecha, y consecuente a esto nombró en seguida un superintendente, mandó construir fuertes y ejecutó otros actos de formal ocupación y soberanía. España, que estaba en actitud de rechazar aquella ocupación con la fuerza y el derecho, mandó destruirlo todo de momento y continuó en pacífica posesión de lo que siempre había sido suyo. Pero vino la independencia de las Américas, y conociendo Inglaterra la debilidad de las Repúblicas, volvió a establecer su tradicional política pretenciosa.

Desde entonces hasta hoy no ha cesado de evolucionar en todas direcciones, y con más o menos velocidad sosteniendo los derechos del fabuloso, cuanto vergonzoso y ridículo Rey de Mosquitia. En la actualidad existe en la Mosquitia nicaragüense una grande extensión de terreno, comprendida entre los ríos Rama y Jasbapone (tierra colorada), que se llama "Reserva Mosquitia", residencia del Rey y del director inglés, nombrado por la Corona Británica.

Este Rey con su director quieren extender, y han extendido ya, su influencia en toda la Mosquitia hondureña.

Al efecto, tienen nombradas sus autoridades en distintos puntos, y agentes particulares para llevar adelante la propaganda, que están haciendo con bastante buen éxito.

El Clubquibile, pueblo de zambos perteneciente a Honduras, y que por proximidad al Cabo de Gracias se presta a la fácil comunicación y a la actividad de las maniobras, tiene nombrados el Rey mosco agentes a su servicio, los individuos siguientes: Christre, Manquin, Walker, Coban, Noble, Wellington, Tabo y Camelón; en Butuco, a Paysano; en el Ocotal, a Skelton, y en Reity, a Matildo.

Estos agentes todos son zambos y ejercen tan grande influencia sobre los indios, que les temen como sus verdugos que son. Están autorizados por el Rey de Mosquitia, que los ha nombrado, para castigar por sí y ejecutivamente los delitos leves, y los criminales son sometidos a la Reserva, donde son juzgados y sentenciados a presidio o a muerte y cuya sentencia se ejecuta allá.

Estos individuos imponen castigos a pueblos enteros que están distantes, y mandan sus comisarios a ejecutarlos. La Comisión que esto informa llegó a Reity el 15 de mayo en la tarde, en momentos que un zambo, llamado Damasio, vecino de Planting River, y mandado por Paysano, estaba dando dos cuerazos a cada hombre y mujer de los que se encontraban en las fiestas que allí se celebraban; pero al llegar la Comisión, el Damasio suspendió el castigo y se marchó.

Otros delitos, y generalmente todos, se castigan con multas de una, dos o tres vacas, por cuya razón los tres principales agentes, Christre, Skelton y Paysano, se encuentran en posesión de gran cantidad de ganado, debido a las multas que hacen suyas.

Además, esos agentes tienen otros en cada pueblo o aldea, que llaman quartermaster, que son los que les dan conocimiento de lo que sucede.

Siendo esto un asunto de vital interés para la nación, el Gobierno, celoso de su dignidad, de sus derechos y de la justicia que le asiste, se apresurará a colocar sus autoridades, a organizar un sistema de Gobierno adecuado, a destruir para siempre las autoridades y representantes intrusos del Rey mosco, y a hacer la felicidad de aquellos desgraciados indios, dignos de mejor suerte.

Antes de concluir debemos fijar muy mucho la atención del Gobierno sobre lo que en la actualidad sucede.

El cuadrilátero comprendido entre los ríos Patuca y Segovia, y en una extensión de dos a tres millas cuadradas, abraza todos los pueblos de indios que ha visitado la Comisión, que no ha dejado de ver con sorpresa el gran respeto y profunda atención que prestan los indios a todo lo que dimana del Rey mosquito, del representante británico y de sus agentes, sobre el mismo territorio. Se les habla de Honduras y de su Gobierno, y nada saben ni nada conocen; pero están al cabo de todas las disposiciones del Rey mosco para cumplirlas; se cometen delitos entre ellos, y se van a la Reserva Mosquitia a buscar autoridades y leyes que los castiguen; dan preferencia a todo lo inglés y se empeñan en aprender aquel idioma y no el de su país, y manifiestan en todo una predilección muy marcada a todo lo que es inglés.

De aquí se deduce, como única consecuencia, que los trabajos de los agentes del Rey mosco son frecuentes y activos, y que les dan resultados seguramente por falta de autoridades hondureñas que los interrumpan y que se interesen en hacer conocer a aquellos apartados pueblos su verdadera patria y su legítimo gobierno, sus costumbres nacionales y su propio idioma.

AGRICULTURA, INDUSTRIA Y COMERCIO

Triste es no poder hablar muy alto respecto de estos tres ramos que forman la riqueza nacional. El Departamento de Colón, que encierra elementos para rivalizar en riqueza con cualquiera otro, sólo cuenta con un pequeño comercio y una agricultura e industria muy exiguas en el círculo de Trujillo; fuera de este círculo, todo es tristeza, todo es atraso, todo es miseria, debido al abandono con que se ha mirado esta parte de la República, cuyo fatal estado no hay colores con que pintarlo.

Parece increíble que un suelo donde la naturaleza ha aglomerado tantas riquezas minerales, vegetales y animales, se haya dejado atravesar siglos sin que el hombre le haya brindado su mano para ayudarlo, dejándolo entregado en manos de un pueblo salvaje que todo lo ve perecer con calma y sangre fría.

Con excepción de una pequeña zona que denominan comúnmente costa-abajo, la agricultura es enteramente nula, pues no se cuenta una sola empresa agrícola, y está concretada a que cada uno siembre lo que necesita para su consumo: nadie se ocupa en las inmensas ventajas que brinda la feracidad de los terrenos, y desprecian las riquezas que éstos pudieran proporcionar a los agricultores.

La industria rivaliza en pequeñez e imperfección con la agricultura, pues está reducida a la extracción de zarza, hule, pieles y algún otro artículo, en tan pequeña escala, que casi no puede hacerse figurar en el comercio de exportación, y bien puede considerarse como una ruina para el país su dedicación. Los huleros extraen el hule secando el árbol, los zarceros extraen la zarza destruyendo las raíces que debieran reproducirse y los cortadores de plantas textiles lo hacen destruyendo los pitales. De nada sirve, pues, que la naturaleza haya dotado nuestro suelo de terrenos feracísimos que se prestan a toda clase de cultivos; de minerales de fácil explotación; que haya llenado los montes de maderas preciosas y ricas y de las plantas medicinales más exquisitas, y formado ríos caudalosos en todas direcciones para que fertilicen los terrenos, si nosotros, en vez de explotarlos en nuestro beneficio, nos dedicamos a destruirlos, como está sucediendo.

Respecto del comercio, poco o nada puede decirse, pues no se encuentra ni aun a la mitad de la escala en que debiera, puesto que le faltan los dos elementos que habrían de engrandecerlo. Sin agricultura no hay industria, y sin estas dos no puede haber comercio. Esta es la razón principal de nuestra decadencia mercantil, reducida casi exclusivamente al tráfico de ganado y a la exportación de fruta que hoy se hace; pero como estos ramos son tan precarios, están constantemente expuestos a las grandes oscilaciones que experimentan, y ponen en peligro los capitales dedicados a esa especulación.

Por otra parte, el uso introducido de ir a registrar en la Aduana de Roatán las importaciones y extracciones que se hacen por los puertos de Balfate, La Ceiba, etc., pertenecientes a la jurisdicción de esta Aduana, hacen aparecer mucho menor el comercio en este puerto, en tanto que acrecientan el del Departamento de las Islas de la Bahía.

Sin embargo, los indios son muy hábiles para la industria; pero la ejercen con toda la imperfección de su atraso general. Se ingenian unos telares de maderos brutos redondos, y con unas varitas, lo mismo, hacen tejidos muy regulares, imitando en los colores los tejidos ingleses. Estos colores los sacan del agua de la caoba, semillas y hojas que muelen al efecto. Del árbol que llaman tuna extraen una capa fibrosa que cubre el tronco, le quitan la cáscara y después de seca la humedecen para trabajarla: esta capa, que tendrá un cuarto de pulgada de grueso, la cortan en pedazos hasta de dos varas de largo, por el grueso que naturalmente tenga el tronco. Para estirarla tienen un madero como de cuatro varas de largo, de figura semicircular, perfectamente cepillado y muy liso, que tendrá como seis pulgadas de semidiámetro, y tendido sobre este madero, lo golpean con unos mazos de madera dura labrados de medias cañas, y a medida que lo golpean, va adelgazando y estirando: esa operación dura hasta formar un lienzo de tres o más varas, imitando un tejido con la huella que dejan impresas las medias cañas del mazo en la superficie del lienzo. Sus casas las hacen de paja y las paredes de tarro, que es muy abundante; las camas son tapescos de tarro, y hacen mucho uso de la hamaca, que tejen de unas fibras de un palo de majao que son muy duraderas.

El terreno es muy ventajoso para toda clase de siembras, y el que se extiende entre Butuco y Ulán se presta mucho al cultivo del tabaco. Todo el terreno es plano y arenisco, y en las márgenes de los ríos se encuentran vegas muy excelentes: el arroz se da muy bueno y con mucha abundancia; asimismo el frijol negro, el maíz, café, cacao y cuanto se siembre.

Aunque el terreno es llano, como se ha dicho, a medida que se interna, las observaciones dan una elevación imperceptible al caminante por lo suave del desnivel: de donde resulta que Reity, que está distante poco más de 100 millas de la costa, se encuentra a una elevación de 37 metros sobre el nivel del mar. La temperatura varía de una manera extraordinaria, pues el termómetro, que en Reity marcaba el 15 de mayo 94° a las 2 p. m., el 16 a las 7 a. m. marcaba 76° y a la 1 1/2 p. m. 74°.

COSTUMBRES DE LOS MORENOS

IRIONA.—Voz compuesta de dos palabras zambas: Iri, que significa espina; Ona, que significa una: "una espina". Es una población pequeña, de 184 habitantes y 61 casas, algunas de ellas en estado de ruina y tan miserables, que con frecuencia se carece hasta de los alimentos necesarios a la vida. Con pocas excepciones, sus habitantes son todos morenos y poco dados al trabajo, y la agricultura está reducida a unos pocos y pequeños trabajos. La generalidad vive en la vagancia, a pretexto de que están dedicados a la explotación del hule y la zarza, de que suelen traer a la población algunas pequeñas partidas: son muy afectos al licor, desobedientes a la autoridad y propensos al desorden; su estado civil es la poligamia, no llevan registro oficial de ninguna clase y hay una escuela a la que concurren 20 niños. Las autoridades las constituyen un Comandante blanco, y un Juez de paz y cuatro auxiliares morenos, hombres sumamente ignorantes.

Sus ideas religiosas son indefinibles e incomprensibles: son una mezcla de espiritismo, cristianismo y algunas africanas. Se bautizan, casan y entierran según el rito romano; rezan las oraciones del texto cristiano y gustan de ir a la iglesia. Viven, como hemos dicho, en la poligamia, condenada por la Iglesia y la civilización; aunque estén casados por nuestra Iglesia, se casan con una de las polígamas, según su costumbre, y se subordinan a ella todas las otras, que concurren muy contentas a la celebración de este matrimonio, que efectúan con la mayor pompa.

Reconocen, como todas estas religiones, dos dioses: uno que se ocupa en hacerles beneficios, y otro males de todas clases. Este, que llaman Mafia, les envía todos los males y enfermedades que particularmente experimentan en el curso de su vida, y para calmar su ira le ofrecen con frecuencia diversiones tan ridículas como extravagantes.

Cuando alguno particularmente se enferma o la sociedad en general padece, consultan al arúspice o agorero, que ellos llaman adivino, y éste les aconseja que le pongan una fiesta para que se desenfade y les suspenda el castigo.

Para celebrar el Mafia colocan sobre una mesa muchas varillas, en forma de cuadrillos, y en cada uno de éstos las botellas de chicha o aguardiente que llevan los concurrentes. La música se coloca a un lado, y delante de ésta, tres hombres, jugando una cinta entre dedos; en seguida se forma un grupo de 12 o 15 personas, comprimiéndose los cuerpos uno contra otro, y de este modo bailan cantando; esta ceremonia dura tanto tiempo cuanto tardan en apurar las botellas. Concluido el baile, se presentan tres hombres con medio cuerpo desnudo, extravagantemente pintados, y bailan, haciendo contorsiones todo el cuerpo, hasta que una mujer muy delgada, doblada en forma de ángulo recto, sale corriendo alrededor de la mesa, dando vueltas hasta que cae exánime, sin aliento; entonces, a modo de sonámbula magnética, les anuncia que los espíritus de sus parientes últimamente muertos han sido evocados para hablar con ellos. Todos se precipitan a hablarles por su medio, suplicándoles al mismo tiempo a los adivinos interpongan su influencia para con Mafia, a fin de que deponga su cólera y no los castigue.

En seguida se presentan los adivinos a conferenciar con el Mafia e interrogarle al mismo tiempo qué clase de castigo piensa aplicarles, cuánto tiempo durará, cuál o cuáles de ellos morirá primero, y otras muchas preguntas por el mismo tenor; concluida la conferencia, adivinan a los concurrentes lo que el Mafia les ha dicho, y continúan de nuevo el baile y las celebraciones, hasta que uno de ellos les avisa que el Mafia está contento y que les retira el castigo. Con tal aviso renuevan su fe y redoblan las diversiones con más animación, acompañándoles nuevas acciones y ceremonias, más groseras aún, y que sólo pueden tener lugar entre pueblos salvajes, únicos capaces de dar acceso a semejantes ideas, acciones y creencias.

COSTUMBRES INDIAS

Los indios creen en dos dioses, como todas estas religiones; dicen que existe un dios de pura bondad, que lo comprenden y no lo pueden explicar, y que la razón que más les convence de su existencia es "que los ingleses no pueden hacer árboles, que no pueden hacer agua ni tierra ni viento". Con el trato continuo que han tenido con ingleses, tanto en el cabo Gracias, como con los comerciantes que vienen a explotarlos, la influencia de los ingleses sobre el Rey mosco y la que éste ejerce sobre ellos en nombre de la Corona Británica, tienen la idea de que Inglaterra, como nación universal, y los ingleses, pertenecientes a una raza superior a toda otra, se hallan próximos a ese dios, y que, con excepción de lo que dejan manifestado, todo lo demás lo pueden.

Tienen adivinos, que son los intermediarios entre el dios malo, que llaman Laza, y ellos; los adivinos, que tal vez son más ignorantes, aunque más maliciosos, que los mismos que les consultan, siempre interpretan lo que Laza les dice, haciéndoles comprender que el mal que experimentan es causado por enemigos del dañado. Estas interpretaciones dan origen a los envenenamientos que con frecuencia tienen lugar entre ellos, por venganzas, o los arrastran por temor al suicidio cuando su mal tiene por origen los celos.

Cuando las niñas tienen de cinco a siete años, son solicitadas en matrimonio por otro niño, joven o viejo, de donde resulta que a cada paso se ven niñas de nueve a doce años casadas, como ellos dicen, con hombres de sesenta o más años.

Obtenido el consentimiento de los padres, el novio se lleva la niña a su lado para infundirle amor, y cuando él la considera apta para ser madre, la coloca en el rango de esposa, resultando de aquí que a los diez u once años ya son madres, porque los novios violentan la naturaleza, dándole un desarrollo prematuro. Este matrimonio no tiene otra fórmula que el consentimiento de la niña y la autorización de los padres.

Como la poligamia es su verdadero estado civil, han adoptado distintos medios para ejercer el derecho de propiedad sobre la mujer: cuando son niñas de tres hasta ocho o nueve años, se adquieren por medio del matrimonio que hemos indicado; si son mujeres que no tienen compromiso con ningún hombre, sus padres las venden por vacas o fusiles al primero que las solicita; y si son viudas, se compran a los herederos del que fue su marido. Todas las polígamas viven en la misma casa, y como hay una que lleva las preferencias del marido común, todas se subordinan a ella, que lleva la dirección de la casa.

Cuando muere un individuo, se fabrica una casa pequeña, se cubre el suelo con un lienzo cualquiera, colocan en el centro un pipante cortado por la mitad y, cubriendo una a otra, le colocan dentro las prendas, dinero y todo lo que poseía el difunto para uso personal, lo que queda allí depositado por un año o más: en uno de los ángulos de la casa colocan una cesta o cajón, y allí ponen toda clase de frutas que renuevan cada ocho días, diciendo que el difunto está desganado, porque ha comido poco, y lo vuelven a llenar de otras nuevas.

Cuando los dolientes quieren saber lo que causó la muerte del que lloran, lo preguntan al Suquia, y éste evoca los espíritus del difunto, y le pregunta: "¿quién te mató?" El Suquia les dice entonces lo que los espíritus le han contestado; y si resulta que la muerte se la causó alguna persona, en el acto la buscan y la matan; pero si la muerte fuere natural, el Suquia les dice que fue por daño que le pusieron en alguna comida o bebida, y entonces quedan los dolientes averiguando quién fue, para matarlo. De manera que no hay muerte natural entre ellos, según las interpretaciones del Suquia.

Cuando el Suquia está en una población, todas las mujeres que se hallan en estado de embarazo tienen que retirarse al monte distante de aquélla, a la cual no les es permitido volver hasta treinta días después de su alumbramiento; otro tanto tienen que hacer las que sufren su período menstrual, no pudiendo volver a la población hasta dos días después de haberlo pasado. Es de advertir que estas mujeres tienen que colocarse al lado opuesto de donde sopla el viento, para que el aire que ha pasado por ellas no bañe al Suquia.

Las ceremonias de los Suquias para ahuyentar los demonios del cuerpo de algún individuo se reducen a tomar una piedra cualquiera, soplarla o escupirla; en seguida la arrojan al fuego, y cuando está candente se pone en agua fría, para que el endemoniado reciba el vapor que se desprende. De este mismo modo curan las calenturas y toda clase de enfermedades; toman tres o cuatro piedras grandes, las ponen al fuego, y cuando están bien encendidas, sientan al enfermo con las piernas abiertas y las colocan en medio de los pies; después cubren perfectamente al enfermo, y en seguida derraman agua fría sobre ellas, a fin de que el enfermo respire el vapor que despiden; cuando el paciente está exhalado en sudor, se arroja al río si está cerca, y si no, le arrojan tres o cuatro cubetas de agua por la cabeza, prefiriendo siempre lo primero.

Para celebrar el día de Año Nuevo, se reúnen en un lugar dado todos los más que puedan, previa invitación, llevando todos que comer y beber; esta fiesta dura cuatro o seis días, que pasan bailando y bebiendo chicha de naranja, yuca y otras frutas fermentadas. Al principiar la fiesta, un Suquia les predica; todos prestan la mayor atención, y cuando concluye la prédica entonan una especie de himno, al cual sigue el baile; concluido el baile descansan un largo rato, y después vuelven a tomar chicha para repetir la misma ceremonia, pasando en esta alternativa los días que dura la fiesta. Las mujeres se adornan con cintas de colores resaltantes, cuentas de vidrio, plumas de pájaro y argollas y brazaletes de oro y plata, y los hombres con una especie de chaquetas tejidas sin costura, que llaman "quinoras" y sutucs. Esta función la dedican a la dicha de haber visto la nueva luz del nuevo año.

Los instrumentos que usan son tambores pequeños, que hacen de piel muy estirada, pitos de carrizo y pellejo del cuello de la aoque, y unas trompas pequeñas de hierro que se colocan en la boca, para, por medio del aliento, hacer sonar un pequeño ángulo de hierro colocado entre dos barras paralelas; algunos se pintan el rostro de una manera indeleble, y otros con achote.

En las reuniones no se mezclan los hombres con las mujeres, y se colocan en lados opuestos. Los yernos evitan dirigirle la palabra a sus suegros, por la consideración de que son maridos de sus hijas.

En el verano abandonan sus casas y se van a vivir en los playones de los ríos, hasta que viene el invierno, que vuelven a ellas; la pesca y la caza son su entretenimiento habitual, y les proporcionan su manutención en todos tiempos.

El 14 de mayo, que llegamos a Reity, tuvimos ocasión de presenciar la celebración del Suquia, que duró tres días, y las ceremonias de la última noche, en que desentierran al diablo "Laza" para que se retire y no les haga nuevos males.

La malevolencia que algunos desalmados especuladores han introducido entre los indios exige castigos horrorosos y una persecución sin límites. Estos misérrimos que se han confundido con ellos a la sombra de la poligamia tienen seis u ocho mujeres, con las que hacen la más detestable especulación.

Concitan y aconsejan a sus polígamas la infidelidad, en que ninguna responsabilidad tiene la mujer, y las castigan atrozmente si cuando incurren en ella no les dan aviso prontamente. Así que son avisados por ellas, imponen por sí mismos al seductor una contribución que los indios llaman Mairen mana, que quiere decir "paga lo que has hecho".

Esta contribución impuesta al hombre se paga por duza, que significa un fusil, y según es la responsabilidad del hombre, así también es mayor el número de duzas a que se hace ascender la multa, llegando algunas veces hasta diez duzas. Cada duza es un fusil que ellos valoran en $10; pero si no se tienen fusiles, se hacen pagar con ganado a razón de una vaca por dos duzas.

Cuando muere algún individuo aunque no deje bienes, el pariente más inmediato está obligado a pagar sus deudas, quedando en condición de esclavo de los acreedores hasta pagar el último centavo que debía el que murió.

Sus sacerdotes tienen también su jerarquía. Reconocen un jefe superior, que denominan Pasayapti, voz india, cuya significación propia en el dialecto paya es "dominador de los elementos"; pero que generalmente los mismos indios traducen "madre de los vientos".

El Pasayapti es una especie de pontificado, que se obtiene por designación del Laza, que ellos abrevían Las (Dios malo). Esta dignidad es hereditaria y recae siempre en la misma familia, aun cuando no sea Suquia el designado, haciéndose esa designación por la revelación de algún suceso favorable o desgraciado que ocurre a algún individuo de la familia y en el pueblo donde reside. Cuando muere un Pasayapti, queda acéfalo el pontificado hasta que tenga lugar el gran suceso que todos quedan esperando: verificado éste, se reúnen el mayor número posible de Suquias en una especie de cónclave, examinan escrupulosamente el suceso, y si la persona en quien tuvo lugar no lo proporcionó, porque ha de ser puramente casual, discuten la magnitud del suceso y la gravedad del peligro que corrió, y resultando unánime la interpretación de los Suquias, declaran ser el revelado por Laza, y queda de hecho proclamado Pasayapti. Los Suquias son principales o mayores y menores, viniendo así a formar una especie de jerarquía como la de nuestros sacerdotes y diáconos. No conservan nada escrito y todo en ellos es tradicional.

Los indios payas, zambos, toakas y zumos, aunque de diferentes tribus, están muy mezclados, tanto en su raza como en su dialecto. Sin embargo, pueden distinguirse sin ninguna dificultad por sus tipos y colores. Los payas, que son los más perfectos, son blancos y tienen sus facciones regulares, mientras que los toakas, zambos y zumos, que parecen tener un mismo origen, tienen muy pronunciado el tipo africano negro.

Sus costumbres son puramente salvajes, como se ha dicho, y viven de la caza y la pesca; los hombres se cubren solamente sus vergüenzas, y lo demás del cuerpo lo llevan descubierto; las mujeres, que llevan los pechos enteramente descubiertos, se envuelven en un lienzo que les cubre desde la cintura hasta las rodillas, y andan enteramente destapadas como los hombres.

Las mujeres son muy dadas al trabajo, y aunque los hombres no son completamente perezosos, son menos trabajadores que aquéllas; son también muy dados al licor, y cuando lo tienen están constantemente ebrios; pero cuando les falta, se emborrachan con chicha fuerte de yuca, naranjas y otras sustancias fermentadas que les preparan las mujeres.

El veneno lo introducen con mucha abundancia y frecuentemente lo usan para sus venganzas y para suicidarse cuando están celosos, por lo que se cree generalmente que ésta es la razón de que cada día se vaya disminuyendo la raza de una manera tan sensible.

Son muy fuertes para el trabajo: atraviesan montañas escarpadas con grandes pesos sobre sus espaldas, y jamás llegan a fatigarse: aunque tienen un carácter vengativo, su índole bondadosa y humilde los hace inofensivos y fáciles al trato. Es de esperar que por medio de la persuasión y un trato suave se hagan desaparecer sus imperfecciones, el terror que les han infundido con sus desmanes las autoridades que los han gobernado, y que se reduzcan a vivir en poblado.

APUNTES PARA LA HISTORIA

ETIMOLOGÍA Y CRONOLOGÍA DE LOS PUEBLOS

Sensible es no poder presentar esta interesante parte de la estadística tan perfecta como es de desear; pero no conservando los indios más que confusos recuerdos del pasado, se ha hecho necesario reducir las simples apuntaciones con la confusión y el desorden que se observa, pues resistidos a contestar lo que se les interrogaba, al fin lo han hecho con tal esquivez que casi sin comprenderles se han podido compaginar éstos, merced a la insistencia de las preguntas que se les han dirigido.

CLAR significa corral en dialecto indio. Este pueblo está situado en la margen izquierda del río Cruz, Cross River, cerca de su desembocadura. Fue fundado por un tal Layar y el capitán Tara, que vinieron de Laka hace como sesenta años; tenía bastante gente, pero la mayor parte se ha muerto, debido a las epidemias del cólera y tos ferina que lo han azotado; jamás han tenido guerra con nadie ni escuela ni iglesia. La única autoridad que se ha conocido allí fue el coronel Kinlibraqui, nombrado por el Rey mosco Rabatt, que fue padre del que da estas noticias, que es un zambo llamado Pady, vecino el más antiguo y fundador del pueblo; que después de muerto su padre han venido allí algunos zambos de Mosquitia, con pretexto de ver a sus parientes, pero que su objeto ha sido persuadirlos a que reconozcan la autoridad del Rey mosco; que hace como un año recibió una carta del Rey, en que le ordenaba condujese a su presencia al autor de un homicidio que allí se había cometido; que como no lo llevó, el Rey mandó un comisionado que lo llevase a él; que éste le quitó la carta que el Rey le había dirigido, y la puso en manos del reo, a condición de que debía esperarse allí; pero que como éste se fue, se la llevó, y que por esta razón no puede presentarla ahora. Que hace cuatro meses lo volvió a llamar el Rey a Cumí, y lo reconvino fuertemente porque no lo quiso reconocer por Rey; mas como le contestara que si era Rey de ellos, ¿por qué no ponía su bandera y se hacía reconocer?, a lo que replicó el Rey que sólo esperaba hacerlo así tan luego que el Gobierno inglés lo reconociese y proclamase, y que para esto faltaba muy poco tiempo, retirándose después de haberle manifestado que no podían por ahora reconocerlo, porque se exponía a que cuando fueren los soldados del Gobierno de Honduras los castigarían; y por último, concluyó el Rey diciéndole que muy pronto lo reconocerían los ingleses y tomaría posesión del territorio.

SUPA AUJICA significa Playa de las Supas; es de reciente creación; su primer poblador es Juan Flores, que a principios de este año de 82 se estableció allí, y después lo han hecho otros vecinos; no tiene escuela, iglesia ni autoridad de ninguna clase. El nombre de Supa está tomado de una fruta que abunda mucho allí, y que los indios llaman así; es una especie de palma parecida a la yagua, pero más pequeña y delgada, y da una fruta como el corozo, que los indios tienen por un alimento muy fuerte.

CEULALA.—Significa barranco colorado; fundada en 1874 por el Sr. Florencio Altamirano, natural de Nicaragua. Está situada en la margen izquierda del Segovia, como a 18 o 20 leguas distante del Cabo de Gracias; no ha tenido ni tiene escuela ni iglesia, y sólo por unos pocos meses tuvo un Juez de Paz y un Comandante local.

CROPUNTA.—Significa Punta de Camarón; toma este nombre de los muchos camarones que hay en una punta de tierra que forma el desembarcadero de este pueblo en la margen derecha del río Butuco, muy al interior.

Este pueblo, que todos dicen es muy antiguo, fue formado por indios payas que vinieron de Caratasca y se situaron donde hoy se encuentra el pueblo de Ulán, habiendo desaparecido a causa de un convenio que el General Tempys, zambo que residía en Caratasca con el carácter de Gobernador de esta parte, nombrado por el Rey mosco y sostenido por el Gobierno inglés, celebró con el mismo Rey, para mandarle indios payas y que el Rey le retornase toakas. Con este motivo, los payas se retiraron a las montañas, donde aún se encuentran en las cabeceras de los ríos Sicre, Truscua, Urra, Plátanos, y en el mismo Butuco, mezclados con los toakas que vinieron de Nicaragua.

El jefe de los payas se llamaba Butuco, y fue a establecerse cerca de la boca del río; es de creerse, pues, que de aquí haya tomado su nombre, y que los ingleses, en su manera de inglesarlo todo, hayan corrompido el nombre en el de Patook que hoy le dan los mapas.

Algún tiempo después vinieron también de Caratasca los zambos, mezcla de indio y negro, y acabaron de expulsar a los payas que quedaban, y se hicieron dueños de todo.

El General Laury, también zambo, contrató con el Rey mosco darle payas y recibir indios zumos; y aunque éstos vinieron, los payas se negaron a ir.

Los primeros pobladores fueron el viejo General Retizin, zambo, con su familia, que se estableció en el Ocotal, caserío de este pueblo, viniendo de allí los que actualmente lo habitan, y que cuando Retizin vino a poblar era Gobernador el General Ramzin, hermano del poblador.

En Laca, pueblo inmediato a Caratasca, aseguran estos mismos indios que existieron unas campanas de gran peso, que no pudieron conducir a Cropunta ni a lomo ni en caballos, y las depositaron en una sabana de este pueblo, llamada Tilbalaca, donde después fueron unos caribes y se las llevaron a Iriona, y las vendieron para una iglesia en Río Tinto.

En conclusión, nos manifestaron que siempre han oído decir que el Rey mosco va a tomar posesión de todo, y que este asunto lo está arreglando con el Gobierno inglés; pero que hasta ahora no ha llegado allí ningún comunicado. Sin embargo, aseguran que Skelton fue llamado por el Rey desde Laca, y que fue y conferenció con él en la Reserva mosquitia, en Nicaragua.

QUIMPIPI.—Hace tres años lo empezó a fomentar un tal Filop, a la orilla izquierda del Segovia y en una aldea insignificante.

BALANA.—Hace treinta años lo fundó Thomas Mackings, natural de la Mosquitia hondureña; jamás ha tenido ni escuela ni iglesia, y dice su fundador que cuando el Rey mosco vivía en Rum nombraba las autoridades, que las que quedaron a la muerte del Rey también han fallecido hace mucho tiempo, y que como no se han repuesto, hace muchos años que no tienen ninguna, pues ni el Rey ni sus representantes ni los de ningún Gobierno han visitado aquel lugar hasta ahora.

AGUANAC significa círculo de montañas; lo empezó a fundar William Southerland, natural de Belize, en junio de 1880, y sólo cuenta dos años. Toma este nombre de unos árboles que los indios llaman así y que abundaban mucho en este lugar, pero que hoy los han cortado para fabricar. No tiene escuela ni iglesia ni autoridades, y es una aldea a la margen izquierda del Segovia.

EL COCO, en la laguna Evans, tres millas de Tucumacho. Esta aldea no tiene autoridad ni escuela ni iglesia. Sus moradores, que son morenos, están en un estado de salvajismo tal, que tan luego que ven una persona todos se ocultan en la montaña; no dan razón de nada, y sólo dicen que un nuevo brujo llamado "tata Pedro" es el fundador.

EL FUERTE WELLINGTON.—El señor Benjamín July, que es el dueño de ese lugar, y que lo ocupa hace más de treinta años, nos informó que había sido en otro tiempo habitado por indios, bajo el protectorado de la Corona Británica. La existencia de unos cañones que allí se encuentran, y que por su estado de oxidación demuestran su antigüedad, y el nombre que aún conserva el lugar, atestiguan que es cierto haber existido el fuerte cuyo nombre lleva aquel sitio.

Recorriendo algunos vestigios que indican haber habido en otro tiempo una población, según se nos informó, tuvimos ocasión de reconocer los cimientos de un edificio de ladrillos y adobes, formando un cuadrilátero como de 20 metros de largo por 8 o 10 de ancho. Existe un pedazo de pared de adobes como de un metro y medio de elevación, de 20 pulgadas de grueso y como de dos metros de largo, asido por las raíces de un higuero, sumamente grandes, y un gran número de parásitos adheridos a él. El estado de demolición de los cimientos y la corpulencia del higuero representan un período de tiempo como de ciento cincuenta a doscientos años. Como a tres o cuatro metros distante de los cimientos, y en dirección al Este del edificio, se halla un tanque como de dos metros cuadrados de extensión, que, aunque bastante lleno de arena, se advierte más de un metro de profundidad. Parece un tanque de beneficiar añil.

La creencia general es que este edificio era una iglesia; pero el orden de los cimientos no lo acredita, pues no tiene ni demarcación para las torres ni para la sacristía. Otros hay que aseguran era el fuerte; tampoco puede creerse, pues además de que los cimientos difieren en mucho de los de una fortaleza, el lugar donde se encuentran es inconveniente para ello. Así, pues, es de creerse que sea un edificio para los gobernantes o para habitaciones particulares; además, los cañones se encuentran a una distancia como de 80 o más metros del lugar donde está el edificio referido.

Los adobes de que está formado son de 27 pulgadas de largo, por 12 de ancho y 8 de grueso, de arena muy fina, tan bien amalgamada, que son muy difíciles de romper; en su interior conserva la arena su blancura, aunque en su exterior está bien marcada la acción del tiempo que ha pasado por ellos.

EL CARIBALITO, aldea muy pequeña, de 17 personas, todos morenos y en estado salvaje, y sin autoridades ni escuela ni iglesia. El 29 de mayo llegamos allí, en momentos que expiraba la esposa del capitán Bult, de fatal recordación para todos los habitantes de la Mosquitia.

SANGRELAYA, palabra compuesta de dos voces zambas: sangre, que significa comején, y laya, costa; es decir, costa de comején. Ese pueblo, aunque atrasado, es el más avanzado en cultura y buenas costumbres de todos los de la Mosquitia; algunos hombres saben leer y escribir, y conservan recuerdos de su pasado.

Tienen un alcalde y dos auxiliares, cabildo, y una casa donde se reúnen a hacer oración, y que ellos llaman iglesia; hay también una escuela creada y sostenida por el patriotismo de un señor Rafael Álvarez, que la sirve; son muy afables con los que llegan a visitarle, y gustan mucho de oír las relaciones de los viajeros, manifestando un deseo de adelantarse y el sentimiento de su atraso.

El Sr. Victoriano Zambolá, que nació en 1811, y en 1814 se trasladó con sus padres a este pueblo, fueron los primeros pobladores, no habiendo encontrado tan sólo un habitante a su arribo allí. Sin embargo, el lugar era ya conocido con este nombre, y por esto se cree que anteriormente debió haber sido habitado por zambos.

El único suceso que ha tenido lugar después fue el de la captura de los piratas, por los años del 21 y 22, en la boca del río, y conducidos después al lugar que hoy se llama Belize. Siempre han vivido tranquilos, y el pueblo, que se había conservado falto de gente, se incrementó después de la guerra del Sr. Domínguez. Por mucho tiempo fue gobernado por indios zambos, dependientes del Gobierno inglés.

En 1872, después que desapareció la colonia que estableció en el Dorado el Sr. D. Guillermo Buchard, fue nombrado ese señor

Gobernador de la Mosquitia, y fundó en 1875 una escuela, que duró muy poco, a causa de que lo relevaron del Gobierno. El registro parroquial del pueblo está en poder del señor cura de Trujillo.

Concurren a la escuela 18 niños, en regular estado de adelanto.

TUCUMACHO.—Unos dicen que este nombre está tomado de la frase inglesa took match, cogió mecha, y por corrupción la han degenerado en Tucumacho; pero la versión más válida es que está tomada del nombre de un señor Camacho, poblador, cuya familia existe aún allí.

Hay un alcalde y un auxiliar; no hay cabildo ni escuela ni iglesia, y es el más miserable y atrasado de todos los de la costa. No se ha podido obtener ningún dato, porque no hay quien sepa ni recuerde nada, con excepción de que se empezó a poblar al mismo tiempo que Cusuna.

CUSUNA.—En dialecto vicentino, caribe, es el nombre de un pescado que llamamos dormilón. Su primer poblador fue un tal Juan Pedro, de ochenta años de edad, natural de Trujillo, y que dice conoció al Marqués que fue dueño de la Punta de Marmesí, que llegó allí en tiempo del Rey, cuando Cáscara gobernaba en Guatemala, y que la población constaba de sólo diez casas.

CARATASCA.—Su verdadero nombre en idioma zambo es Caratasva, que significa "Lagarto Grande". Los españoles la llamaron Laguna de Cartago, y los ingleses le han dado últimamente el de Caratasca.

CROSS RIVER.—Nombre que dan los ingleses al río que los españoles llamaron Río Cruz. Los indios llaman a la margen derecha, donde se encuentra el cabo Falso, Guajamblaya, a la izquierda Cru y al río Cruta.

CRUTA.—Esta palabra es compuesta de Cru, nombre de una fruta, y Ta, que es una abreviación de Tara (grande); por consiguiente, quiere decir "fruta grande".

ULAM.—Fue fundado por los zambos Blastnan y su hijo hace como veintiséis años.

URRA.—Fundador, llamado Juanico, habrá veinticuatro años.

WALPATANTA.—(Piedra chata, en dialecto zambo.) Habrá como diez y ocho años lo fundó Yosenies.

REITY.—(En zambo, campamento.) Fue fundada por Pedro Martínez, habrá de cuatro a cinco años.

WAMPU.—Se empezó a fundar en mayo de 1882 por Eligio Sánchez.

LAGUNA DE BRUS.—Poblada por los años de 1810 a 1813, por Pedro Llein, zambo. El nombre de Brus Lagoon se lo pusieron los piratas ingleses.

EL LIMÓN.—Este nombre se lo pusieron los primeros pobladores por haber encontrado allí muchos árboles de esta clase. Los primeros pobladores fueron un señor Juan de Dios, cuyo apellido no se ha podido averiguar, y después vinieron los señores don Marcelino Calderón, Juan Bautista y Manuel Antonio Barberena, que se establecieron con permiso del Rey mosquito, que era el que gobernaba entonces; que Juan de Dios llegó allí después de la guerra que los piratas tuvieron en Trujillo; que no recuerdan en qué año ni que haya tenido lugar ningún suceso notable ni que exista ningún monumento, y por último, que los pobladores eran de Trujillo y que ya no existe ninguno de ellos.

LIMONCITO.—Su primer fundador fue el Sr. D. Antonio Gutiérrez, que vino de Nicaragua; no recuerdan la época de su población, ni que haya ocurrido ningún suceso notable, ni que exista ningún edificio digno de llamar la atención. Que el poblador Gutiérrez hace dos años que murió; que este lugar era una vacadilla de un corte de maderas que tenía un inglés llamado Mr. Piquelt, y que el nombre de Limoncito se lo pusieron los ingleses para diferenciarlo de El Limón, que estaba muy inmediato, a la vez que por haber allí un solo árbol de limón, muy pequeño.

BONITO ORIENTAL.—Su primer poblador fue el señor Joaquín Arochemena, natural de León, en Nicaragua. Se estableció aquí sobre los restos del primer corte de maderas que se conoció en la jurisdicción de Trujillo, fundado por míster G. But; no recuerdan la fecha de su fundación, ni ningún hecho ni edificio notable; solamente que el señor Arochemena murió en los días que el General Guardiola ocupó la Presidencia.

El nombre de Río Bonito se lo pusieron por ser muy limpio, su agua muy cristalina y su fondo de arena blanca. Aseguran que no existe ninguno de los fundadores.

TARROS.—Fundado por el señor Norberto González, el año de 1861, y lo único que recuerdan es que el señor González murió el año de 1868.

CLUBQUI.—(Travesía corta, en dialecto zambo.) La señora Súcrica, como de ochenta años de edad, dice que nació aquí, y que tendría como diez o doce años cuando se desarrolló una epidemia en tiempo del Rey mosco Federico, que fue ahorcado por su mujer en el Cabo Gracias, y que, habiendo ido ella a buscar un remedio con el Suquia, éste le aconsejó que se separaran del lugar; que con este motivo se trasladó con sus padres al punto conocido por Clubqui Branche, que era una montaña cruda, que desmontaron y fundaron la población que actualmente existe; que allí permaneció hasta hace pocos años, que con motivo de haber muerto su marido se trasladó a esta población; que oyó a sus padres en algunas ocasiones hablar algo sobre aquellos pueblos, y que lo único que recuerda es que los jefes que gobernaban entonces eran Quinaptin, Lauri, Eruis, Damacarice, Damachipin, Damabran, Abogado, Vitrcy, Damacarié y otros.

LINGÜÍSTICA DE LOS INDIOS

Poseen un dialecto sumamente escaso de voces, y casi pudiera creerse que, como sus necesidades son tan limitadas y los elementos para satisfacerlas tan pocos, no han procurado aumentarlas, sino que se han conformado con las necesarias para comunicarse entre sí, en el pequeño círculo de aquellas mismas necesidades. De aquí, pues, que cuando adquieren conocimiento de alguna cosa nueva y en el contacto con las personas civilizadas se crea alguna necesidad desconocida para ellos, o llegan a conocer alguna cosa nueva que no tienen palabra con que significarla, adoptan el término con que la designa el idioma de la persona con quien hablan, plagando su dialecto de neologismos, que lo harán degenerar en otro completamente distinto.

Como sus relaciones son generalmente con ingleses y españoles, las voces que están tomando son de estos dos idiomas, principalmente del inglés, por estar más en contacto con aquéllos, las cuales pronuncian tan mal, que las transforman en otras distintas que se hacen más difíciles de entender. Por lo demás, el dialecto es bien fácil, y puede aprenderse en muy pocos meses, sólo con fijarse en él.

No tienen escritura de ninguna clase, ni tampoco usan jeroglíficos, de que regularmente se han valido todas las tribus indias del continente americano.

Todo en ellos es imperfecto: cuentan con los dedos hasta 10, y cuando llegan a este número, vuelven a empezar hasta otros 10, y cuando han contado dos veces 10, cuentan 2 dieces, 3 dieces, etc.

No tienen palabras para expresar el amor ni el odio, como si estas pasiones no existieran entre ellos, y para expresarlas cuando se ven afectados por estos sentimientos, se valen de una fraseología dilatada o de palabras inglesas que ya han aprendido.

El tiempo lo determinan por el número de noches que han dormido o que han transcurrido. Los meses los cuentan por las lunas: no tienen días para la semana, ni horas para el día, y para determinar estas últimas indican la altura del sol sobre el horizonte, señalándola con la mano; sin embargo, tienen años de 12 lunaciones, que llaman mani (año); tienen cuatro estaciones, que son: invierno, que llaman yajabrá, comprende desde octubre a febrero; estío, que llaman mani, comprende marzo, abril y mayo; primavera, que llaman sbá, comprende junio y julio; otoño, que llaman nist, comprende agosto, y nistara a septiembre.

Vientos.— Yajabrá, viento de Norte; Uajpara, viento de Este; Dignas, viento de Sur; Sang, viento de Sudeste.

Carecen de nombres propios de personas y regularmente usan de algún sustantivo particular, acompañado en muchos casos de adjetivos; por ejemplo: a toda mujer llaman, siendo joven, quiqui (muchacha); si es vieja, cuca, y si es muy vieja, cuca tara, que significa vieja grande; y si la mujer es alta y gruesa, llámanla quiquitara, mucha grande.

Los adjetivos comparativos y superlativos los forman prolongando un sonido de i, que dilatan tanto cuanto mayor quieren significarlo, y corto forma el comparativo.

Los verbos todos tienen una misma terminación en aya o alla, pues la pronuncian de ambos modos, aunque la más general es aya.

LA CONJUGACIÓN

1ª Conjugación

Llamar	Uinaya.
Llevar	Brinaya.
Andar	Impacaya.
Llorar	Inaya.
Lavar	Tuscaya.
Gritar	Uinaya.

2.ª conjugación

Comer	Piaya.
Tener	Brisaya.
Correr	Plapaya.
Romper	Calcaya.
Llover	Aujuaya.
Morder	Zamaya.

3.ª conjugación

Dormir	Yapaya.
Pedir	Macabaya.
Reír	Quicaya.
Venir	Dincaya.
Partir	Cricaya.
Medir	Culcaya.

Carece de muchos verbos, y su acción se expresa por medio de alguna frase o de alguna oración que la indique.

MANUEL FLEURY.
JUAN JOSÉ MARTÍNEZ.
PASCUAL ORDÓÑEZ.
JOSÉ VERHEYLEWEGHEN.
JUAN PROCOPIO MAZIER.

DESCRIPCIÓN GEOGRÁFICA DEL DEPARTAMENTO DE LA MOSQUITIA PRACTICADA EL AÑO DE 1875[4]

Descubrimiento.—Límites.—Aspecto general del Departamento.

El Departamento de la Mosquitia fue descubierto por Colón en 1502, en su cuarto viaje. Fue en Punta de Castilla donde enarboló el pabellón español y tomó posesión del territorio a nombre de los reyes de España. Continuando su viaje al Este y costeando, descubrió el río Romano, Tinto, el Patook y otros, hasta que llegó al Cabo de Gracias a Dios, cuyo nombre dio a aquel lugar en gratitud de haberse salvado de los peligros que experimentó en su marcha.

El Departamento de la Mosquitia está situado al Norte de Honduras; tiene los límites: al Oriente, el río Coco; al Occidente, el río Romano o Aguán; al Norte, el Océano Atlántico; al Sur, las montañas más elevadas entre el Departamento de Olancho y una parte del de Yoro.

Su extensión es, de Oriente a Occidente, a raya de costa, de 240 millas geográficas; y de Norte a Sur, desde 1 hasta 90 millas, según se acerque o retire la línea divisoria, como se verá en el mapa.

El aspecto físico del país es desigual y montañoso, puesto que allí es donde concluyen todas las grandes montañas que atraviesan el Departamento de Olancho y la mayor parte de la República. La parte plana de la costa está llena de grandes lagunas, lagos navegables, pequeños riachuelos y ríos caudalosos, y comunican a la tierra jugo y vida, como las venas en el cuerpo.

(1) La Paz.—Tegucigalpa, núms. 68, 69, 70 y 71; año de 1879.

Ningún Gobierno se ha empeñado en conocer, de ninguna manera, la costa Mosquitia; es por esto que ha vivido en total abandono. Lo único que los Gobiernos han procurado averiguar es si hay algún empresario que necesite las maderas que produce la costa para mal venderlas; y con tal que se les adelante algo, les importa poco saber si ha habido fraude en el corte, ni si hay poca o mucha madera, ni si en lugar de cortar en un río cortan en otros: nada de eso es de su incumbencia; lo que desean es que el empresario no esté descontento, para que se ponga en planta otra vez esa clase de contratos leoninos,

---

[4] La Paz.—Tegucigalpa, números 68, 69, 70 y 71; año de 1879.

135

de que siempre ha sido víctima Honduras por la indolencia de sus gobernantes. De esta manera, la República ha caminado a pasos agigantados, por una parte, a su total ruina, pues los Gobiernos han mirado con indiferencia lo más rico y pintoresco que aquélla encierra en su radio. No necesitaba Honduras de otros recursos para haber amortizado la parte que le cupo en la Deuda Nacional. Bastaba la inmensa cantidad de maderas que produce la costa Mosquitia, la cual el hombre de la Historia se empeñó en despilfarrar; pero que a tan grave herida se le aplicará ya el cauterio.

DIVISIÓN DEL DEPARTAMENTO

El señor don Guillermo Burchard, Gobernador en la época en que se hacen estos apuntamientos, dividió el Departamento en tres secciones, para facilitar así el Gobierno de sus habitantes, e impuso por nombre a cada uno el más histórico y conocido en el Departamento:

1.° Distrito de Iriona, capital del Departamento y único lugar de anclaje en aquella rada, teniendo por límite el río Tinto o Black River.

2.° Distrito de Patook, limitado por la barra de Caratasca.

3.° Distrito de Caratasca, limitado por el Oriente por el río Coco, línea divisoria entre esta República y la de Nicaragua.

HABITANTES DE LA MOSQUITIA

El Departamento está habitado por cuatro tribus, diferentes en idiomas y costumbres, unas salvajes y otras un tanto civilizadas, cuyo estado lastimoso reclama la mano benéfica de uno y otro Gobierno, para llegar un día a ser útiles a la República.

Sólo el apóstol Subirana visitó a aquellos miserables y repartió entre ellos el pan de la caridad; y como ellos, sufrió las inclemencias del tiempo sin más interés que el de cumplir con su apostólica misión. Los curas de Trujillo van una vez al año sólo al distrito de Iriona; pero lo que era el presbítero Ramírez contaré punto por punto sus primores. Un bautismo entre aquellos pobres caribes costaba $2, y un casamiento de $10 a $50. Se había investido de las omnímodas, y casó a un individuo que tenía hijos con una madre y dos hijas, y lo unió con una de éstas; no sólo fue éste el dispensado: como éste hubo varios; y cuando volvía de la filial a la matriz, no se confiaba de ir embarcado, porque llevaba un capital, de donde por lo menos hacía 200 bautismos al año, sin contar los casamientos y dispensas.

El Distrito de Iriona está poblado por negros, conocidos por caribes, situados entre Aguán y el Tinto, en seis pueblos denominados: Aguán, en la barra de este río; Limón, cerca de la boca del mismo; Punta de Piedra, Casuna, Iriona, capital del Departamento; Sangrelaya y Tocamcho, con el cabo Camarón de por medio. Los negros caribes son originarios de los que se establecieron en Trujillo, y a principios de este siglo no había ninguno en la Mosquitia; a consecuencia de llevarlos a las armas a cada rato y de haber recibido dos reveses en Jaitique y la Ofrecedera, se hallaron en la necesidad de huirse a un lugar desconocido, y cogiendo la costa arriba, como en número de 200, se situaron entre la barra de Brus Laguna y el Patook, donde permanecieron largos años. Una inundación, que estuvo a cabo de concluir con todos, los hizo buscar la costa donde hoy viven, y se dividieron en los pueblos que dejo anotados; que sin embargo de emigrar muchos, contiene el Distrito de Iriona 6,000 habitantes.

Los caribes son un tanto civilizados, altos, bien formados; tienen un cuerpo atlético y de una musculatura formidable; son inteligentes, algunos saben escribir, y hablan varios idiomas; visten con mucho aseo y bien, según las modas inglesas, con las cuales viven en frecuentes relaciones, y todos manejan varita o chilillo en las manos y marchan con un aire de gran satisfacción. Es grave ultraje para ellos que se llame "negros africanos". Las mujeres visten con mucho aseo, y usan un gran camisón desde los hombros hasta abajo de las rodillas, con ropa interior; no usan ropas delgadas, visten de la misma ropa que los hombres, coleta, manta, dril azul, de cuyo color gustan mucho, crea blanca, cotines, etc. Están muy habituadas al trabajo, pues sus maridos, que son indolentes y perezosos, dejan todo el peso de él en sus manos. La poligamia allí es permitida, y aunque las mujeres no pueden vivir en la misma casa, como las de los zambos, el hombre tiene obligación de pasar un tiempo donde cada una de ellas. El marido tiene obligación de desmontar el terreno donde se va a hacer la plantación; a la mujer toca desde quemar, sembrar, limpiar y cosechar todos los frutos; siembran de todo lo que se produce entre los trópicos: caña, yuca, ñames, patastes, plátanos, bananos de varias clases, piñas de tres clases, siendo una de ellas lo más exquisito; ñantillas, ñampá, frijoles, arroz, poco maíz; por manera que habiendo de todo, la mujer tiene bastante que hacer.

El hombre, mientras la mujer trabaja sin descanso, toma su anzuelo para sacar el pescado que debe gastar en el día, va a caza en algunas ocasiones o se ocupa de remudar las redes con que coge tortuga o carey, que en los meses del año que ellos saben salen a las playas a depositar los huevos. Las caribes son muy fecundas y honradas, y difícilmente se mezclan con los de otra nación; y la falta de fecundidad es causa para que el hombre se aparte de su mujer. Los casamientos se hacen muy fácil: el padrino de la mujer tiene derecho de disponer de la mano de la ahijada, y a él se dirigen las peticiones y con él se arregla todo; el padrino lo consulta con los compadres y ahijada, y de cualquiera manera, si el padrino quiere, todo está conseguido.

El Gobierno de su pueblo está encomendado al que entre ellos es más viejo o más rico, que entre ellos es siempre Comandante. No tienen más ley que la del Talión, cuando hay muerte; regularmente no se comete otra clase de delitos, y esto no es frecuente; con el pugilato deciden sus cuestiones. Y aunque de aquí se siga la muerte, no hay delito; no tienen ninguna idea de pena o castigo. No obedecen fácilmente a quien los manda, y se sujetan más fácil al castigo; para prender un negro se necesita rendirlo, y aunque a la vista de un arma blanca tiemblan, no son así con arma de fuego; de aquí saco la consecuencia que debían ser buenos soldados.

Hay entre ellos malos músicos, que tocan violín y acordeón; pero sus fiestas las hacen con una caja grande que llaman timbala. Tocan diversidad de dianas, y sin ningún compás ellos saltan como energúmenos, haciendo contorsiones y movimientos deshonestos, frente a otras mujeres u hombres, quienes, a su vez, hacen lo mismo. Las mujeres no llevan para estos casos ninguna clase de atavíos, y van a la casa del baile sin convite. Hay algunas fiestas que se prolongan días, y éstas son las que llaman Mafia. Hay entre ellos uno, varón o mujer, que gana de $25 a $50; éste preside el baile, y tiene facultad de evocar al diablo y a las almas de los muertos, al cual llaman "adivino". Comienzan el baile poniendo en medio de la casa unos palos paralelos, y en derredor botellas con licores; el tambor suena, y todos, varones y mujeres, en forma de círculo, dan vueltas cantando y llevando un paso muy marcado; al día siguiente, varones y mujeres, en el mismo orden, bailan con un gallo en las manos, pero de ninguna manera gallina; éstos van a servir para el banquete del baile, y al día siguiente todos estos pobres animales se ven muertos sobre las buenas palanganas, manteles y mesas, en derredor de aquel simulacro, que no quitan sino treinta días después; nadie prueba esta comida, y se quita cuando el adivino se ha metido desnudo a un cuarto oscuro, tiznado de achiote y tile; sale de allí asegurando que el padre o madre de alguno de aquel pueblo u otro manda que le bailen Mafia. Cada cual marcha a su casa llevando su comida, y se prepara el llamado al baile, y lo manda ya, y si no para el mes o año que se pida. Esto mismo hacen, como el último remedio, cuando quieren curar a un enfermo.

Religión.— Apenas tienen una pequeña idea de Dios; bautizan sus hijos y se casan por la costumbre, no porque ellos conocen y saben que hay preceptos divinos, salvo los que viven en Trujillo; pero éstos, si van a los demás pueblos, bailan y hacen lo que los demás sin distinción, porque esto es muy peligroso.

Son opuestos a pagar ninguna clase de contribución, y tengo por más fácil que un negro se deje sacar un diente que dar un real. Todos son carpinteros; saben hacer embarcaciones de un solo tronco, muy buenas y seguras, en las cuales hacen todo el comercio de la costa y travesías a Belize. Son excelentes marinos, y para la costa no hay quien los mejore. Les gusta aprender a leer y escribir, pero se oponen a pagar maestro. Son muy adictos al contrabando, para lo cual son sigilosos y de mucho secreto, y se ayudan recíprocamente en todos los pueblos: en fin, dondequiera que está un caribe, puede contar otro con su ayuda. Son muy unidos; una casa la hacen en un día, por grande que sea; todos se juntan, y en la tarde está concluida. Cuando alguna embarcación reclama auxilio porque está en peligro, a cualquiera hora de la noche, y cualquiera que sea la tempestad, todos vuelan, y desafiándola entran al mar; y se ha visto que son tantos los que van, que la sacan en el aire hasta ponerla con lo que tiene fuera de peligro.

Los caribes son mozos muy estimados en los cortes de madera. Siembran cocos, aunque en poco número, siendo la costa muy propia para esta clase de frutos, pues lo único que se necesita es colocarlos en el lugar que se quiera, y en seguida aguardar cuatro años para la cosecha. Los árboles de coco, cuanto más viejos son, producen más; se ha calculado que un árbol de diez años derriba 100 cocos secos al año, y tiene más de 300 entre sazones y tiernos, y a un mismo tiempo florece.

El distrito de Iriona encierra en su radio ríos navegables, como el Aguán y el Tinto, con abundante cantidad de maderas de caoba, cedro, roca y Santa María. A unas 30 millas de la barra de Aguán se aparta a la izquierda la manga conocida con el nombre del Limón, por reunirse cerca de su desembocadura con el río de este nombre, formando una grande y mala barra lo mismo que la de Aguán, con la diferencia que aquélla tiene cinco y seis pies, y ésta ocho y nueve; en tiempo de lluvias más. El río Limón está virgen, tiene gran abundancia de maderas desde muy cerca de la costa, y nadie lo ha explotado. Cerca de sus riberas, a la mano izquierda, está situado el pueblo de españoles del Limoncito, con 49 habitantes, todos agricultores, y siembran plátanos en mucha cantidad y abastecen con sus cosechas toda la costa y la plaza de Trujillo. Al Oriente de este pueblo está el sitio de Salado, llamándose así por cruzarlo el pequeño río de este nombre; está cubierto de buenos y abundantes pastos, tiene tres millas de O. a E. y siete de N. a S.; es capaz de alimentar unas 10,000 reses.

En este distrito existe el pequeño cabo conocido geográficamente con el nombre de cabo Camarón.

El Río Tinto o Black River, en su barra, se aparta una legua de Oriente a Occidente; en el brazo del Occidente se extiende para este rumbo unas tres millas, y es muy pintoresco, apartándose varias ramificaciones hacia el Sur, formando ángulos y cuadrados muy perfectos; en uno de éstos existen los vestigios de una antigua ciudad, conociéndose que era rica y populosa; existen grandes depósitos de ladrillo y teja, y en el cementerio se encuentran losas de mármol con inscripciones en idioma español. Murallas derruidas, de las que no quedan sino los cañones y cimientos del fuerte que defendía la ciudad. Tributamos bastante respeto al inmortal E. G. Squier, y conocemos el mérito de sus "Apuntamientos sobre Centro-América"; pero en obsequio de la verdad, diremos que en la descripción que hizo sobre la costa de la Mosquitia cometió dos errores: colocó el cabo Camarón en la barra del Black River, y aquél se encuentra al Occidente de este río, y a nueve millas de distancia; dice que en Black River hubo un establecimiento de ingleses. Si es cierto que existió en el lugar que antes he descrito, fue de españoles, a quienes los zambos destruyeron, instigados por los piratas ingleses y ayudados por éstos. Olancho y Olanchito, en el Departamento de Yoro, fueron los lugares de refugio que encontraron los residuos que escaparon de aquella carnicería; después de esta destrucción, los piratas ingleses, que ya podían entrar sin temor a la barra, buscaron como lugar de refugio, y por estar en acecho, el brazo oriental de la laguna, que se llama Iban, donde encontraron una isla en medio de la laguna y allí se fortificaron bien, en cuyo lugar aún existen cañones de gran calibre muy arruinados.

Siguiendo el curso del Tinto, a 15 millas de su barra, se encuentran vestigios de antiguos establecimientos de caña, mazas de trapiches de hierro, 27 fondos de hierro muy grandes todos, que tienen seis y ocho cuartas de diámetro y pesan cinco y ocho quintales. Aquí hubo varios fondos de cobre, pero se los llevaron; se ha hallado una buena campana, que está en el pueblo de Río Tinto, departamento de Olancho. Siguiendo el curso del río, ascendiendo a 40 millas de este establecimiento, se encuentra el pueblo nuevo de El Dorado, situado sobre los antiguos vestigios auríferos que en el siglo pasado explotaron los españoles. Nada tenemos que aumentar: este lugar fue otro California; se conoce que trabajaron muy mal aquellos terrenos, pues en los mismos lugares hoy sacan, trabajando peor, cuando menos una ochava, habiendo lugares que trabajan mucho con la barra para llegar al fondo, que produce de una a cuatro onzas diarias; y últimamente, en El Dorado, dondequiera que se entierre la barra se saca oro, en unas partes más, en otras menos. Según me consta, este metal es inagotable, porque aún no se han descubierto los manantiales de donde se desprende tanta riqueza.

Al Occidente de El Dorado corre el pequeño río de Paya; en uno de sus riachuelos tributarios descubrió un indio de Catacamas una inmensa cantidad de oro, y en un trecho como de treinta varas del río, donde tenía su origen el riachuelo, lavó sin necesidad de barra, en la arena suelta que estaba en el fondo, en seis días, 13 libras de oro, con su esposa y un hijo. Esto le sirvió para hacerse loco, y en menos de sesenta días con todos los del pueblo las despilfarró, hasta que al fin lo mató un paya, a cuya mujer quiso forzar.

Siguiendo el curso del Dorado, ascendiendo por espacio de 30 millas, se mira que es inagotable la cantidad de madera de caoba, cedro, ronrón, granadillo, Santa María y palo rosa. El camino que los españoles llevaban al interior era interesante, pues se miran aún dilatadas calzadas y mucho acopio de piedras, en otras partes, para hacer otras. Grandes cimientos cuadrados, terraplenes costosos, corrales de piedra, etc. En todas las montañas inmediatas a este río se encuentran grandes montones de 25 a 40 varas de largo, ancho regular y de 6 a 8 varas de alto, hechos con piedras de moler, todos con patas y caricaturas de tigre, culebra u otros animales, habiendo una tan grande que pueden servir de mesa, con una vara de alto cada pata por dos de largo y una de ancho, cortadas con mucho primor y regularidad; la escuadra nunca faltó, y apenas puede creerse que se hayan valido de pico u otro instrumento para trabajarlas. El pedernal es muy fino y el golpe de martillo y de pico quebraría la obra. Por las noticias que he adquirido de payas muy ancianos, sé de cierto que a fines del siglo pasado aún no conocían ellos ninguna clase de instrumentos de agricultura, y hacían sus milpas valiéndose únicamente del fuego para limpiar el terreno. En seguida que los piratas ingleses frecuentaron la costa y se relacionaron primero con los zambos, éstos compraron machetes y hachas que vendieron a los payas, y les enseñaron a valerse de ellos para la agricultura. De aquí vengo en el conocimiento de que los indios antiguos se valían de algún ingrediente, al cual revolvían arena fina o gruesa, según querían la condición de la piedra, y en seguida las vaciaban en un molde y se valdrían del agua o fuego para endurecerla. El secreto se ha perdido, y sería preciso un examen por un hombre científico para descubrir algo de esto, puesto que si no tenían hierros para trabajar estas obras ni aun para labrar la piedra, tenían que valerse de otros medios para hacer estas piezas.

Toda la costa es muy caliente, y en Iríona, a consecuencia de impedir el cabo Camarón que sople la brisa, único viento allí constante, el calor es sofocante; en la barra del Tinto y Patook he hecho mis observaciones termométricas, y el término medio de los grados de calor en uno y otro punto es el siguiente:

Enero	62°	66°
Febrero	66°	70°
Marzo	70°	74°
Abril	74°	76°
Mayo	78°	82°
Junio	78°	82°
Julio	82°	86°
Agosto	84°	86°
Septiembre	84°	86°
Octubre	**Por las excesivas**	
Noviembre	**lluvias disminuye**	
Diciembre	**mucho.**	

Nada se puede temer de excesivos calores, pues las brisas, aquí tan constantes, después de los temporales hacen el clima sumamente agradable, así como los vientos secos del Norte, aunque son escasos de esta naturaleza.

Las vegas del Tinto son de gran feracidad, y crecen por uno y otro lado, espontáneamente, los plátanos y guineos, haciéndose buenas cosechas de maíz y arroz. Las naranjas que produce la costa son de muy buena calidad. Los racimos de guineos, que espontáneamente se crían en el río de Plátanos, tienen de 300 a 450 plátanos cada racimo; apenas dos hombres llevan un racimo cuando se cría bien. En este lugar se pueden cortar todos los años de 3 a 4,000 racimos; es éste un lugar muy concurrido de zambos y toacas de febrero hasta julio a consecuencia de esta gran cosecha, y se retiran cuando ésta ha concluido.

SEGUNDO DISTRITO: DE PATOOK

El Distrito de Patook está habitado por zambos, cuyo origen se pierde en la remotidad de los tiempos.

En la descripción que Colón hace de su viaje por esta costa dice que estaba habitada por indios que se horadaban las orejas de tal manera, que les cabía un huevo por el hoyo, y le llamó por esta razón la Costa de las Orejas.

El cabello, el ojo, el ángulo facial, sus costumbres tan depravadas, todo indica que están muy lejos de ser puramente indios de América, cuya biografía más o menos conocemos.

No se conoce un indio puro en la América que tenga el pelo ensortijado; todos los indios usan sus lisas, largas y abundantes cabelleras, y procuran trabajar para vivir, mientras que los zambos son la gente más perezosa que produce la Naturaleza. El Sr. Squier asegura que todos tienen sus pueblos; estos miserables no tienen residencia fija, y sus casas son de verano; las hacen por la sombra. Estos ocupan la costa y el interior de las montañas, y en las márgenes de los ríos se hallan los toacas y payas.

Por manera que, partiendo de la descripción aludida, se colige claramente que esta raza no existía, y por lo poco que ha aumentado su descendencia, se ve que ésta tuvo su origen de los negros esclavos que los piratas traían a la costa cuando venían a robar los galeones españoles. Aquéllos se fugaban buscando su libertad y se mezclaban con las indias toacas, cuya índole buena y sencilla les hacía llevadera la vida. Hay un testimonio de esto que hace que nuestras sospechas sean una realidad. Los zambos se casan con las indias toacas y las llevan a sus pueblos, pero los toacas difícilmente adquieren una mujer zamba; y cuando sucede, se quedan en el pueblo de ésta, motivo por que los toacas se disminuyen admirablemente.

Los zambos son nómadas: viven de la caza y la pesca, y sólo en el invierno muy riguroso se reúnen y hacen sus casas para pasar este tiempo; pero en el verano viven en las playas de los ríos, donde hay plátanos para su manutención, y se retiran de allí cuando lo que les sirve de pan se ha agotado; en este tiempo no hacen ni champas; traen una rama de sauce y la plantan en medio de la playa, y a la escasa sombra de este árbol pasan el riguroso calor del sol. Lo único interesante que poseen es el toldo de dormir, pues sin él la plaga no les dejaría vivir. Estos miserables son sumamente haraganes, no trabajan la tierra; la agricultura es desconocida en absoluto, y sólo se reducen a ganar un escaso salario, yendo y viniendo con el remo por los ríos y lagunas de que está cruzada la costa.

La castidad en ellos es desconocida, y las mujeres no tienen obligación de guardar fidelidad a sus esposos. Cuando se muere algún chico, cantan llorando; y lo que hablan es sentimiento que tienen, no por la desaparición de aquel ser querido, sino porque se murió sin dar fruto, y esto lo repiten todos los que lloran.

Andan desnudos: las mujeres, envueltas en una manta de género negro, que los varones tejen y colorean, y la ciñen de la cintura, llegando hasta las rodillas; los hombres, muchos tienen calzones, pero pocos los usan; con una tira de trapo o cáscara de árbol, que llaman tuno, podrida al agua y docilitada, se envuelven por la cintura, pasando una parte por medio de las piernas, a fin de que las partes sexuales queden cubiertas; de esta manera van a todas partes. Son manchados casi todos, siendo en algunos sumamente asquerosas estas grietas.

Comen la carne de los animales que cazan, casi cruda, y soportan el hambre por tres días sin mucha angustia; pero también comen mucho cuando hallan, hasta concluir lo que tienen, cuidándose poco de guardar para después. Algunos poseen ganados, hasta 300 cabezas.

Los ganados de esta costa son muy grandes y hermosos, como los de ninguna otra. También tienen bestias, cuyo tamaño nos admira a los que vamos del interior; pero no las educan, y para amansarlas lo hacen desde que son de un año, y cuando ya son grandes las meten en una parte honda del río y allí se montan varios hasta cansarlas, haciéndolo así todos los días hasta dejarlas mansas; no tienen sillas de montar ni las necesitan; y las bestias son de una resistencia prodigiosa: pueden caminar a orilla de costa, pues no tienen otros caminos, doce leguas diarias corriendo, pues es el método de andar entre los caribes y zambos.

No castran el ganado ni las bestias, y cuando lo hacen con éstas, es de una manera irregular y grosera: ponen una bestia al suelo, estiran los testículos y los ponen sobre una piedra, y con otra les dan martillazos hasta deshacerlos; en seguida se pudren y por mucho tiempo quedan enfermos, hasta que al fin se mejoran, sin dejar por esto de buscar hembras.

No tienen ninguna idea de religión, ni menos de Dios; sólo temen al diablo, que llaman Laza. Los zambos padecen la misma clase de enfermedades que en el interior; pero regularmente la mayor parte mueren tísicos. Tienen médicos que ellos llaman Suquias. Estos forman en los pueblos donde viven un aparato de cuatro palos altos enterrados formando ángulos, y en la juntura de los ángulos hacen un tapesco, donde en tiempo de peste sube el médico, tiznado con carbón y achiote, a media noche, y arroja unos gritos espantosos desafiando al diablo en sus exclamaciones, y diciéndole otras veces que se retire de allí, que él también le hará muchos males, y que ya tiene listas las armas con que lo va a combatir.

Sus medicinas son poca cosa: llenan de agua una botella, y meten en ella el extremo de un carrizo, y soplan, haciendo que el agua desde el fondo se revuelva y como que hierva; esto lo hacen por algunos días consecutivos, hasta que el agua se torna amarilla; en seguida atan la botella a un palo alto, y la tienen cuatro, seis u ocho días; después la venden al enfermo por el precio de 3 a \$5. Si el paciente está con calentura, encienden una hoguera y ponen allí muchas piedras; cuando están bien calientes las ponen en el mismo toldo en que está el enfermo, y les echan agua fría a fin de que vaporicen; el enfermo suda inmediatamente, y cuando el sudor está más copioso, levantan el toldo y arrojan al agua helada del río al enfermo; unos curan y otros se mueren. Cuando esto sucede, cortan el petate que ha usado el muerto en dos pedazos, ponen allí el cuerpo y lo llevan a la sepultura, y arrojan al sepulcro todo lo que pertenecía al muerto:

Dinero, fusiles, machetes, etc. Ese día, por veinticuatro horas, son salvas en todas las casas del pueblo, llegando a cuajarse el humo. Viven todos en una vida patriarcal; tienen en cada pueblo un Alcalde o Kuatternas; sólo para dos cosas tienen ley: para obligar al delincuente a que se mate, y para que el adúltero pague al marido ofendido lo que le pida, cobrando por el daño de 50 a 200\$, que ellos sobran por fusiles, valorando éstos en 20\$ o ganado a igual precio. Nunca reciben bestias por esta clase de pagos porque no se las pueden comer ni guardar, y el que las paga puede tomarlas y disponer de ellas. Si alguno mata una res en el pueblo, la reparte entre todos hasta no dejar nada en casa; y como casi todos tienen, perecen poco, porque la falta de carne de res la suple el pescado. Son muy desaseados para comer: todas sus bebidas, embriagantes o refrescantes, hechas de plátano y yuca, son podridas y sumamente asquerosas y hediondas.

La poligamia es permitida, llegando hasta tener 10 mujeres algunos hombres; al hacer esta descripción, sólo uno hallé casado con una mujer, y me aseguró no quería más. El hombre que tiene más mujeres es más rico, pues que regularmente no es suficiente para todas, y éstas atienden a cualquiera que las enamora; su obligación es darle cuenta a su marido después de sus acciones para que éste cobre al adúltero; si la mujer calla, tiene pena de muerte, sin que nadie pueda oponerse. En el tiempo de su menstruo desaparecen del pueblo o playa donde viven y se meten al monte, donde por espacio de siete días les van a dejar la comida, sin que en este tiempo pueda verlas ningún hombre. Lo mismo sucede al tiempo del parto; no necesitan ayuda: solas paren, siempre a las orillas del río, y en el acto se bañan, lavan su manta y bañan a su hijo y se meten al monte por treinta días adonde sólo el marido va. Esta plenamente justificado que a los zambos y payas no se les mueren sus hijos del mal que llaman de los siete días; éstos no aplican a sus hijos en el acto de nacer más medicina que un chile asado, el cual les meten en la boca destripado y acuestan al niño boca abajo; éste llora mucho y babea en extremo, vomita cierto líquido y en seguida se les da el pecho, y el tal mal les es desconocido.

Es prohibido en absoluto que una mujer que haya conocido varón pase por frente a la puerta de un médico, sea embarcada o por tierra, bajo pena de muerte. La pena de muerte entre estos salvajes es cosa que nada vale.

Un hombre mata a otro, y en el acto carga su fusil y en presencia de todos los de casa, pone el extremo del calibre en la garganta y se mata; nadie se lo impide, antes lo animan; si éste no lo hace, entonces los parientes del muerto piden a la autoridad le obligue a la misma pena.

Son diestros para cazar el carey y tortuga, cuya carne exquisita devoran calentada al fuego; las conchas de carey, que en algunas partes, en cierta estación del año, son muy abundantes, recogen de ellas hasta media o una arroba y las llevan a Belize a vender. Es admirable ver las embarcaciones en que hacen la travesía a aquel puerto: son sumamente pequeñas, con una vela chica; buscan siempre el tiempo bonancible, de lo que son conocedores.

El Distrito de Patook, que es el que queda descrito, encierra en su radio todo lo más hermoso y pintoresco. Grandes pampas, dilatados bajos con abundante pesca, excelentes pastos, capaces de alimentar 200.000 reses; al Sur de este Distrito, en el interior de él hay pampas que se camina por ellas cinco días, regadas de abundantes y frescas aguas, donde los venados, jabalíes, jaguías, monos, pavas, paujiles y diversidad de aves palustres, son muy mansas; allí se hallan grandes rebaños de bestias cimarronas, que nadie alega derecho a ellas y de las que yo he agarrado una con poco trabajo. Allí se encuentra abundancia de maderas preciosas, como la caoba, cedro, granadillo, ronrón, etc.; plantas medicinales, zarzaparrilla, ipecacuana, etc.; goma elástica e infinidad de maderas útiles, desconocidas para nosotros su uso.

El río Patook mide, regularmente, de 5 a 7 pies de profundidad en su barra en todo tiempo; pero ya dentro, y siguiendo su curso por espacio de 24 millas, mide desde 5 a 3 pies de agua por el centro, esto es, hasta el lugar donde se divide la manga a la derecha que forma la laguna de Bruss Lagoon. De este lugar, siguiendo su curso hasta la confluencia con el Guayambre, departamento de Olancho, no faltan, aun en el verano, de 5 a 3 pies de agua, cantidad suficiente para el tránsito de un vapor chato, como los que se construyen en los Estados Unidos para esta clase de ríos. De aquí a la Jagua, una laguna de la capital de Olancho, en la estación seca, no hay nunca dos pies de calado.

De la barra del Patook hasta la desembocadura del Guampú, no hay imposible para la navegación; de este lugar en adelante se encuentran las dificultades que describiré con orden. La corriente de Caoba, que es la primera, se forma a consecuencia del declive que tiene el terreno, y baja el agua precipitada y con mucha fuerza, formando lo que llamamos corriente pero no contiene salto; en el medio del río hay algunas piedras grandes que impiden el tránsito, ya para arriba, ya para abajo, siendo peligroso el descenso porque las embarcaciones van a dar siempre contra las piedras y se hacen pedazos, consistiendo la inteligencia del marino en ascender o descender con precaución para evitar la pérdida. Las piedras se pueden volar: una libra de dinamita bastaría para hacer desaparecer estos impedimentos.

En seguida se encuentra la pasada del Portal del Infierno; ésta se forma por la unión de dos montañas en dirección opuesta, formando un canal como de 3 varas de ancho; sus paredes son de piedra sólida y tiene más de 20 pies de profundidad. Esta pasada es sumamente peligrosa cuando el río está crecido, y cualquier embarcación que

148

asciende tiene que esperar en la puerta a que el río baje, porque si se expone, irremisiblemente fracasa; no hay un caso en que alguno cuente haber pasado el Portal con el río crecido. Un poco de dinamita haría la operación y pondría el camino en estado de transitar sin riesgo.

En seguida se encuentra la corriente de las Campaneras; aquí se forma esta corriente a consecuencia del declive del terreno; ésta tiene algunas piedras en medio del río que impiden, como la primera, el ascenso y descenso, y es preciso que los marinos se desembarquen antes de llegar a la corriente, para subir la embarcación tirando de ella con un cordel o descienden con la embarcación agarrada del mecate y un marino va desviando con un palo los golpes de las piedras. Estos son todos los obstáculos que se encuentran en el tránsito del río Guayape, que, bien mirados, son ningunos ni impiden la canalización del río.

Para viajar por él no necesitan de provisiones, pues basta llevar sal, fusil y pertrechos, que hay muchos animales de caza; por lo que es la pesca, es inagotable; los plátanos machos y guineos crecen espontáneamente, sin que la mano del hombre tenga más costo que cortar y satisfacer su necesidad.

Ninguno puede dar mayores detalles sobre esto, pues sólo haría el que tratara el negocio científicamente aumentar más la descripción, y en resumen diría lo que aquí.

El Distrito descrito contiene algunos caseríos de invierno, diseminados en la costa a orillas de los lagos y ríos, en el orden que van descritos y que se verán en el mapa.

Partiendo de Black River se encuentra con el de Ibán, donde hay 100 habitantes; cerca de la desembocadura de Planting-River o río de Plátanos, el pueblo de este nombre con 78 habitantes; al Sur de la costa y a la orilla de la laguna de Bruss-Lagoon, el pueblo de este nombre con 106 habitantes; cerca de este pueblo desemboca en la laguna el pequeño río Sigree, en cuyo origen viven los toacas en número de 58 habitantes, formando población. En la barra del Patook, el pueblo de este nombre con 237 habitantes; allí hay un Comandante y un Inspector de policía. Siguiendo el curso del río arriba de la manga de Bruss, se encuentra el pueblo de Cropunta, cerca del río y la laguna de Caratasca con 123, contando con los que viven en las márgenes del río Waruntha, que desemboca en Caratasca; siguiendo el curso del río se encuentran otros caseríos de zambos y toacas, que se llaman Tuyaping, con 79 habitantes de una y otra tribu; estando inhabitado el río del lugar antedicho al departamento de Olancho, hacienda de don Trinidad Matute.

De la barra de Patook a la de Caratasca se encuentra el desembocadero del pequeño río de Tabacumta, en cuya barra está el pueblo del mismo nombre con 49 almas; en la barra de Caratasca, línea divisoria del Distrito, hay un caserío perteneciente ya al Distrito de este nombre. Contiene el distrito de Patook 808 habitantes distribuidos en ocho caseríos. Los habitantes del pueblo de Cropunta tienen bastante ganado y bestias, habitan al extremo de esas inmensas pampas que he descrito, viviendo inmediatos éstos a los del pueblo de Black Man, cuyos habitantes están contados en el número perteneciente a Cropunta y éstos están ocupando un terreno de 120 millas geográficas.

Como en este Distrito están contenidos los toacas y payas, preciso es describir lo que acerca de ellos ha observado. Los indios toacas no pasan de 200; son muy humildes, sumisos con el que los quiere mandar, cualquiera se enseñorea de ellos, y trabajadores industriosos; siembran maíz, plátanos, yuca, arroz y otras varias raíces de que se alimentan, y fabrican petates y cayucos de navegar en el mar. Los zambos, que conocen su índole, los sacrifican quitándoles de grado o por fuerza sus alimentos; les quitan sus mujeres, y a todo esto ellos ninguna resistencia oponen; los tienen sirviendo en sus casas muchos años y nunca les pagan; sobre esto ha dado ya providencias el Gobernador departamental, doctor Aguirre.

Los toacas son diestros cazadores, y en la pesca no necesitan mirar el objeto; les basta ver la ola o movimiento del agua para clavar el pez. En las lagunas pescan enormes vacas marinas (manatí); regularmente éstas viven en lagos limpios que sólo contienen zacate marino, y en los meses de junio a agosto, que están en calor, salen a pescarlas. En una vara de 9 a 10 pies ponen un arpón; al extremo opuesto, cerca de donde la punta se mete en la vara, se ata con un cordel de cáñamo, de 20 o más varas; uno va moviendo el pitpante con sigilo, y el otro, con la vara en la mano, visto el objeto, descarga el tiro; el animal herido huye llevando la cabulla atada al arpón, arrastra la embarcación con la velocidad del viento, y hasta que el animal se cansa lo van recogiendo hasta conducirlo a lo seco, donde con leños que llevan consigo la matan; en seguida piden auxilio a los compañeros para que ayuden a cargarlo en los pitpantes, porque salen varios a esta pesca. Estos infelices tienen poblaciones donde viven, son muy afligidos y la enfermedad, por pequeña que sea, los mata. Los zambos y toacas no gustan de la música; nunca he visto ninguno con ningún instrumento; en sus bailes y alegrías sólo usan la timbala, especie de caja bien templada; todos tocan diferentes dianas, a cual más diestros. Sus bailes nada tienen de gracioso y sí todo muy ridículo; los hombres se ponen en línea agarrados de las manos, enfrente de las mujeres, que se colocan de la misma manera; al compás del tambor todos cantan y gritan haciendo movimientos y contorsiones que parecen energúmenos; esto no lo practican sino estando ebrios de aguardiente o chicha; una vez en el año, el que tiene proporción compra un garrafón de aguardiente y convida al vecindario para emborracharse. Gustan mucho de ser autoridades, y aunque por falta de cultura no se le tributa ningún respeto a la autoridad, le obedecen cuando manda; ellos regularmente miran como tal a todo el que llega a un pueblo vestido con alguna decencia. Los zambos no se dejan gobernar tan fácil como los toacas; aquéllos son belicosos, y muchos de ellos diestros en el pugilato, y lo que es matar gente con arma de fuego, no he visto todavía amagar a ninguno: en tomando el arma para matar a otro, la descargan sin temor.

Tienen conocimiento de hierbas venenosas, en las que abundan algunas partes de la costa, según la observación que de ellas hice; pero el principal veneno de que ellos usan es la hiel de lagarto, el cual es de una actividad admirable. Muchos poseen, según dicen, almizcle de lagarto; no sé con qué fin, pero su olor en nada se diferencia del tan celebrado almizcle europeo. Tienen mucho cuidado por el cabello, y poseen una pomada que ellos fabrican y que llaman bathama, la cual hacen de la semilla de un árbol que llaman cuhoon: ésta hermosea y suaviza el cabello de una manera admirable, aunque posee un mal olor, que ya es como humor natural en ellos; tienen buenos peines, y como las hembras andan destapadas, gustan de que a la luz del sol reluzcan las cabelleras; no se forman trenzas, y cuando el pelo les crece, se lo cortan a fin de que sólo caiga sobre los hombros.

Los toacas tienen casi siempre las mismas costumbres que los zambos, sin duda porque viven mezclados; pero los toacas no son polígamos y trabajan mucho la tierra, para tener maíz y plátanos, que no les faltan nunca. Estos fabrican todas las embarcaciones que se usan en la costa, que venden a precios insignificantes, son como regaladas; un cayuco, capaz de ir a Belize, de 12, 13 y 15 varas, por 6 y 7 cuartas de ancho, lo dan por $3, 5 y 6, y esto en géneros y pertrechos. Estos son los entes más miserables de la naturaleza. Un solo hombre puede obligar a seis u ocho hombres a que lo conduzcan donde quiera o a que trabajen sin pagarle a ninguno, y todos tiemblan a la vista de cualquier clase de armas, mientras que atacan denodadamente a toda clase de fieras. Tejen buenas hamacas y mantas para sus mujeres. Siembran una clase de algodón que produce muy buen hilo, superior al nuestro.

Los indios payas, que viven en las montañas que cruzan el Paon y el río de Plátanos, que también se encuentran a las márgenes del río Seco, que cruza el valle de Agalta, son de la misma índole de los toacas; las mismas costumbres, aunque más aventajados en el trabajo e instrucción; aprenden fácilmente todo lo que se les enseña; y como viven en contacto con las sociedades de Olancho, han tomado las mismas costumbres; todos andan vestidos un tanto lujosos; han abandonado sus bailes ridículos; saben tocar acordeón y guitarra, y en los viejos conquistados hubo buenos músicos; actualmente se encuentran jóvenes que curten suelas, aunque malas; zapateros, sastres, sombrereros de junco y tejeros. Construyen buenas casas de zacate, muy sólidas; tejen buenas mantas y hamacas, con colores bien distribuidos, con mucha simetría y firmes; son excelentes e infatigables cazadores, así como en la pesca. Todas las tribus que he descrito poseen el defecto de ser muy dadas a las bebidas embriagantes, muy particularmente a cierta clase de chichas, que cada tribu la hace diferente, y la toman con tanta frecuencia que después de comer toman la chicha como entre nosotros una dosis de café.

Todos los payas son cristianos: bautizan sus hijos y todos se casan, y ya la poligamia les es odiosa; tienen ideas de Dios; en sus pueblos hacen ermitas y tienen imágenes, rezan todos los días el rosario, a falta de misa; tienen escuelas de niños, que escriben buena letra, leen bien y sacan cuentas.

TERCER DISTRITO: DE CARATASCA

El tercer distrito del departamento de la Mosquitia comienza en la boca de Caratasca; éste es el único puerto por excelencia de la costa; esta barra tiene de seis a siete pies de agua, fácil de entrar y donde pueden recalar los buques en los malos tiempos. Después de conocerla personalmente y hecho el examen de su profundidad en todos los meses del año, he querido oír la opinión de varios capitanes de buques que conocen bien y trafican las costas, y me han hablado de una manera que ya no puede ser más satisfactoria. Uno de los mejores prácticos del Gobierno de Cuba, que el Sr. Pastell tuvo el año próximo anterior a bordo de una goleta americana, cuyo nombre no recuerdo, me habló con tanto entusiasmo de Caratasca, que me aseguró tener ideas de poner allí un establecimiento, que creía se lo concedería el Gobierno, para dedicarse a toda clase de negocios con Cuba, por ser éste el punto más a propósito de la costa, y que creía que con sólo transportar madera para los ferrocarriles haría un negocio fabuloso. La laguna de Caratasca tiene, de Oriente a Occidente, 15 millas en algunas partes; igual número de Sur a Norte, aunque en algunas partes menos. Posee una hermosa isla en el centro, de forma redonda, con dos millas en los puntos cardinales; no tiene tierras de labor, pero en cambio produce buenos y abundantes pastos, agua potable; cubierta de pinos, y hay un punto tan estrecho con la tierra firme, que tiene nueve brazas, por donde han introducido el ganado y bestias que allí se crían. Los zambos llaman a esta isla Tamsin, y hay allí una pequeña población con 35 almas. Al SE. de la isla está el pequeño pueblo de Misto, con 23 habitantes; al Oriente el de Tierra larga, con 18; más al Oriente, el gran pueblo Laca, con 287 habitantes; éstos poseen mucho ganado y bestias, y se hallan a la orilla de las grandes pampas antes descritas. Al Oriente de este pueblo desemboca el río Cruta; este río es bastante profundo, y se forma de los chorreaderos y riachuelos y quebraditas que nacen en las pampas; es por esto que su curso es muy corto, y tiene en una y otra de sus márgenes el pueblo del mismo nombre, con 87 habitantes; hay allí inmenso número de maderas de caoba y cedro, que el empresario que cortaba a las márgenes del río Coco, por un crick que de este río salía, aquél extrajo más de 1.000 árboles clandestinamente, porque de este río nunca tuvo contrata.

De la barra de este río depende una pasada, conocida en el mapa con el nombre de cabo Falso. Esta es una lengua de tierra que entra como seis millas dentro del mar al NE., cubierta de agua, con dos y tres pies de calado. Aquí los náuticos tienen necesidad de salir muy fuera para evitar un trastorno en la marcha. La laguna de Caratasca es de agua dulce, excepto cuando sube la marea. El terreno que hay entre Caratasca y Cruta es de 24 millas, por una de ancho, entre el mar y la laguna, con abundantísimos pastos y agua excelente. Este es el mejor terreno conocido bajo todos los aspectos en la costa. En este lugar existe el pueblo de Cauquiare, con 39 habitantes. El río Cruta tiene terrenos muchos y feraces para la agricultura. De este río al del Coco, línea divisoria entre Honduras y Nicaragua, hay 36 millas; hay grandes caseríos en todo este terreno, conocidos por los nombres de Branch, Clubqui y Lauya, habiendo en todos estos caseríos 247 habitantes, mucho ganado y bestias. El río Coco, en su desembocadero, forma un cayo porque sale una manga de poca agua al lado de Honduras, tan insignificante, que no es la octava parte del río; en este cayo tuvo su establecimiento de maderas Williams Vans, y Nicaragua tenía allí establecidas sus leyes, y percibió todo el tiempo que duró el establecimiento los derechos e impuestos que estableció el comandante del Cabo Gracias a Dios.

Siguiendo el curso del río Coco, ascendiendo seis días de camino, se encuentran numerosas poblaciones de zambos a la margen izquierda; todas éstas están situadas a la derecha; éstos eran súbditos de Honduras; pero siendo el coronel Bermúdez comandante de Nicaragua en el Cabo, hacía todos los años varios viajes por el río a cobrar la tasa correspondiente a cada infeliz, haciendo los cobros por ambos lados; pero consideró, sin duda, que más tarde no podría hacer lo mismo; proyectó que estos fueran mejor sus súbditos, y los obligó a todos a pasarse a la margen izquierda, quedando solamente el pequeño pueblo de Saulala, y Tipi, al interior, en el camino que conduce a Laca, en cuyos dos pueblos se hallan 34 habitantes. De Cruta al Coco hay 36 millas y existen 536 habitantes; el río Coco es muy caudaloso, y el vapor de río que Mr. Vans tenía para tirar maderas, subía en todo tiempo hasta donde existe el primer salto. De la barra a este lugar hay 84 millas, que se iba en un día y traía el vapor a remolque 100 o 150 trozas hasta la barra.

Los ríos Coco y Guayape forman una garganta tan angosta entre Saulala y la Pimienta, en el Guayape, que se pasa en un día de uno a otro río; por un terreno magnífico y planizo pasa una carretera, como se verá en el mapa. Yo he hecho este tránsito de esta manera. De Catacamas a Culmí (pueblo de payas), un día montado; de aquí a Guampú, tres días a pie por un terreno que sólo las fieras habitan, yendo la vereda por la cúspide de las montañas más elevadas. De la boca de Guampú a la Pimienta, embarcado por el Guayape, dos horas; de allí al Coco, un día de camino. Este camino se señalará en el mapa, por si se cree interesante su comunicación en alguna época. El tráfico de la boca de Guampú a Culmí es imposible, pues no miré ninguna planicie por donde pudiera hacerse camino ni de mulas; sin embargo, el camino es tan corto e interesante, que podía hacerse un estudio de él a fin de tener toda la parte navegable del río, sin pensar en canalizar, pues los gastos que en este trabajo se debían hacer se emplearían con mejor éxito en la apertura de un camino de mulas. Algunos han pensado hacer un camino por la vega del Guayape, desde la boca de Guampú; los cerros que forman el Portal del Infierno son inaccesibles en ambas márgenes, y cuando todo se pudiera facilitar sería más dilatado, y los grandes pantanos que hay en el tránsito no se podrían evitar. De aquí es que en la idea de hacer un camino para utilizar la parte navegable del Guayape sólo debe optarse por el punto descrito, que sin embargo de ser difícil por donde hoy va el camino, estudiándolo creo que por las márgenes del Aguarquire o río Negro, tributarios del Guampú, se hallaría fácilmente tránsito. Todo consiste en dar impulso y manos a la obra, pues sin tenerse más noticias que la que como ésta se presenta, nada se hace; se requiere ir a estudiar el terreno por personas que no arredren con las dificultades, y que a éstas se les busque salida. En fin, se busca quien al reconocer el terreno, se olvide de que existe en algún Diccionario la palabra dificultad.

Ningún lugar de Olancho es más a propósito para establecer una colonia agrícola que la boca del Guampú; terrenos inagotables y fértiles, el río navegable para poder dar fácil salida a los productos, pudiendo ocuparse ambas márgenes; abundancia de maderas donde pudieran trabajar máquinas de aserrar, y muy fácil la introducción de toda clase de maquinaria a la colonia. Allí donde el cacao silvestre crece espontáneamente, con mayor razón para que se le cultive; se obtienen al año cuatro cosechas de maíz y cuantas se quieran, pues que los toacas, que gustan mucho de una chicha que forman con maíz tierno, en todo tiempo lo usan, y sé de ellos que tienen siempre maíz nuevo. De aquí vendría la ventaja de civilizar fácilmente los habitantes de la Mosquitia, que en el número que existen, procurando su conservación, dentro de algunos años se multiplicarían fácilmente, y la nación contaría con mayor número de ciudadanos útiles.

Los indios moscos son aguerridos, y a fines del siglo pasado, instigados por los ingleses que estaban en guerra con España, lanzaron hordas de salvajes contra un establecimiento de españoles que habitaban en la barra de Black River, en terrenos agrícolas, grandemente auríferos y bastante ricos, que, llevados de la codicia de estos tesoros, fueron víctimas de aquellos bárbaros, hasta destruirlos y arrasar la ciudad en sus cimientos.

Hoy quedan solamente los vestigios de una rica y populosa ciudad y grandes depósitos de teja y ladrillos; en el cementerio, soberbias losas e inscripciones en diversas lenguas; mármoles negros lapidados, etc.; murallas derruidas, de las que no quedan sino los cañones del fuerte que defendía aquella heroica ciudad; muchas de estas familias huyeron a Olancho, otras al departamento de Yoro, adonde no llevaron nada de sus fortunas, pues salieron por lugares que hoy que se han conocido, se duda de su salvación. Después de esa época, los moscos envalentonados, hicieron varias irrupciones al departamento de Olancho, unas veces por el Guayape y otras por el camino que hoy conduce a Iriona. En esas épocas llevaban los moscos grandes cantidades de ganado y bestias a las costas, a cuya estafa nunca se oponían los indios de los pueblos fronterizos, como son los de Catacamas y el Real, porque eran sumamente cobardes y se dejaban robar sus intereses e hijas. En presencia de situación tan grave, el jefe de la provincia mandó destacar una fuerza considerable en Black River para impedir los actos antedichos, y así concluyó el malestar de aquella época.

Está bien justificado que el establecimiento de Black River era interesante, pues el camino que lo ponía en comunicación con Olancho, y que hoy traficamos nosotros, es el mejor y más trabajado de Honduras; hay más de doce leguas empedradas, y se encuentran a uno y otro lado del camino, en algunas partes, grandes promontorios de piedra, destinada a seguir las calzadas. Este río, llamado el Paón y en su barra el Tinto, posee abundantes maderas de caoba, cedro, rosa y Santa María, en tanta cantidad que es inmensa, constando tan poco la salida al mar, que un pequeño capital bastaría para un gran negocio. Todas las maderas de este río están situadas a la propia orilla del mismo, y éste, en sus avenidas, arranca e inutiliza muchos árboles. Toda la madera que se cortase caería al agua, y con dos o tres días de arreo en la avenida estaría en la barra, en vez de que en otros ríos gastan uno y dos meses para el descenso, por su mucha distancia.

Alguna idea os darán estos datos, Excelentísimo Señor Presidente, de la costa Mosquitia, y otra inteligencia los completará. Las faltas gramaticales son muchas; pero mi objeto sólo fue conservar esta memoria para lo sucesivo.

MELQUISEDEC ZÚÑIGA ECHENIQUE.

INFORME SOBRE LA EXPEDICIÓN AL RÍO COCO

Por el Ingeniero Civil de la República[5]
Honorable Señor Ministro de Fomento.

En cumplimiento de mi deber, vengo a dar a V. S. cuenta de la expedición al río y puerto "Coco", con cuya comisión el Supremo Gobierno tuvo a bien honrarme, por acuerdo de 10 de abril del año corriente.

Por las instrucciones recibidas del Señor Ministro, debía "examinar el río y puerto del Coco, con objeto de averiguar la cantidad que fuese necesaria para hacer navegable dicho río, y para formar un presupuesto de gastos para un camino hasta su parte navegable".

En este informe procuraré presentar a V. S. un cuadro fidedigno de la naturaleza del río mismo y de los terrenos adyacentes.

El río Coco recibe sus primeras confluencias en el Departamento de Segovia —la parte más Norte de Nicaragua—, cuyo río se ha considerado hasta ahora en su mayor parte, desde su desembocadura en el Atlántico, río arriba, como línea de límites entre ésta y la República de Honduras.

El río Coco tiene muchos tributarios. Los principales son:

(1) Gaceta de Nicaragua, Managua, 1870; núms. 24 y 25,

el Cabullal, Macuelizo, Dipilto, Estelí, Telpaneca, Jícaro, Macaralí, Pantasma y el Qua.

Su parte navegable para botes pequeños y con el cómputo normal del estado del agua, comienza al fin de la gran llanura que lleva el mismo nombre del río. Esta llanura se encuentra entre 13° 28' hasta 13° 35' de latitud, y se extiende en longitud (Greenwich) desde 85° 40' hasta 85° 55', conteniendo, de consiguiente, un área de 250 millas cuadradas.

Este hermoso llano está cubierto en su mayor parte de potreros naturales, que se prestan con mucha ventaja para la cría de ganado;

---

[5] Gaceta de Nicaragua, Managua, 1870, números 24 y 25.

está interrumpido en buena proporción por trechos de arbustos pequeños; pero hay trechos de madera alta, sobresaliendo entre ésta el palo de coco. Se cree con mucho fundamento que de este árbol se haya derivado el nombre del río.

El pintoresco "Llano Coco" se halla a 1.600 pies sobre el nivel del mar; posee una abundancia de pinos, y entre las pocas haciendas de ganado que se han establecido allí cerca del río, merece particular atención la que lleva el nombre de "Majadita". Dicha llanura está cercada al Norte y Noroeste por altas serranías, y por el Sur y Suroeste por el mismo río. A su término Poniente se encuentran las ruinas de "Ciudad Vieja" o "Segovia", distante cerca de una milla del mismo río, y cerca de dos de la confluencia del río Jícaro y el río Telpaneca. Desde este lugar puede llamarse propiamente río "Coco".

Consideremos desde ahora dividido el río en tres partes: la parte alta, la de en medio y la baja. La primera parte se extiende desde el llano hasta la confluencia del río Bocay, donde se encuentran algunas casitas en el valle que lleva el mismo nombre. Este trecho del río ocupa 100 millas próximamente, y aunque tiene poca agua para la navegación, su corriente es precipitada porque atraviesa altas serranías.

La parte media del "Coco" se encuentra entre "Bocay" hasta cerca de "Balana", y en estas 52 millas hay abundantes cataratas y raudales, que, hablando con propiedad, hacen dificultosa su navegación, y en partes imposible.

La parte baja del río "Coco" comienza desde "Balana" y va a perderse en el Atlántico. Su extensión es de 143 millas. En todo su curso tiene agua suficiente para vapores de río de cinco a seis pies de calado en el invierno, y de dos a dos y medio pies en tiempo seco. En esta última estación se encuentran en el río muchos bancos de arena, que, cambiando a menudo, dejan el río, como se ve en el San Juan, con un pequeño canal navegable. Me refiero principalmente a dos puntos que llevan los nombres de Kring-Kring y Boom.

El río "Coco", en su parte baja, se ensancha más, y en sus orillas se extienden inmensas llanuras; el ocote y otros palos abundan allí, y sus selvas, que casi tocan su ribera, se hacen interesantes a los ojos del observador.

De "Balana" hasta el mar se encuentran pocas islas, y su cauce es sobre arena o piedra pequeña. En todo el trecho del río, desde el llano hasta como 40 millas del Atlántico, se encuentra en sus orillas una abundancia de maderas finas, principalmente la caoba, el ronrón, la gutapercha y el hule.

En la parte alta, en medio del río, los fértiles terrenos convidan a la agricultura, y garantizan también el cultivo del café, cacao, caña, etc. En las partes bajas, las tierras, aunque son preferentes para el ganadero, se encuentran grandes trechos donde la caña de azúcar priva muy bien, y se dan perfectamente todos los artículos de primera necesidad.

Ahora llamaré la atención de V. S. a la dirección, profundidad y anchura del río "Coco" en toda su extensión, desde la llanura del mismo nombre hasta su desembocadura en el Atlántico, tocando ligeramente los terrenos de sus orillas. Su dirección, desde la desembocadura al río "Bodega" o "San Pablo", que, a 30 millas entra a su banco izquierdo, es de 10° a 12° al Noroeste, con vueltas cortas en las primeras 5 o 6 millas, principalmente desde la entrada del río "Qua" (por el banco derecho) hasta un lugar llamado Qüiqüilí, que está despoblado. La profundidad de agua en esta distancia es de 2 a 4 pies; pero más bien lo primero que lo segundo; su cauce es arenoso, y ambas orillas tienen serranías que van en disminución hasta sus inmediaciones. Serranías altas se ven pocas, y las principales son las del "Qua", orilla derecha, y el Tigre, orilla izquierda. A una milla más arriba del último, tiene el río mucho ancho; pero su profundidad es solamente de 1/2 a 2 pies de agua. Igual cosa se observa 3 millas más arriba de la entrada del río Bodega: en este lugar el río tiene pequeñas corrientes y no se observan piedras ni islas. En un lugar nombrado "Quitriní" hay un remolino tan fuerte, que se exige mucho cuidado, porque los botes corren inminente peligro de volcarse.

Desde la entrada del río Bodega hasta Bolunguí, entra el viajero al río más romántico que pueda imaginarse: el banco izquierdo forma una muralla perpendicular de mil a mil doscientos pies de altura, de una formación de "tapetate" blanco, cubierta de pequeños arbustos, y con una latitud de 1/4 de milla al lado del río.

A una distancia de 15 a 16 millas más abajo, el rumbo es como a 10° Noroeste, y su mayor vuelta está en el lugar "Vamblón", donde por cerca de 3 millas se inclina casi 50° hacia el Oeste. El cauce es arenoso, a excepción de un pequeño trecho que pasa sobre cuarzo blanco como la nieve, cuya formación es, sin duda, el preliminar y el indicio de riquezas en el interior del departamento. En toda esta parte hay 3 a 4 pies de profundidad, y en su medianía una corriente fuerte.

En sus dos márgenes va en aumento la altura de las serranías, y son más redondas sus cúspides, bajando paulatinamente hasta las orillas del río, de tal manera que puede decirse que el cauce de éste forma el único valle en la cordillera. Entre el río "Bodega" o "San Pablo" y el cerro de "Boulinguí" hay solamente dos riachuelos: el uno entra por la derecha en el lugar "Vamblón", y el otro por la izquierda, río abajo, que lleva el nombre de Espaní.

Del cerro "Boulinguí" hasta la desembocadura del "Bocay", una de las principales afluencias del río "Coco", hace que éste cambie de dirección, más o menos al Noroeste: esta distancia es de 65 millas. Todo este trecho corre sobre arena, a excepción de dos saltos que llevan el nombre de "Quisiksih" y "Kiburs", distantes entre sí poco más de una milla; difícil es pasar esta parte del río, porque su corriente es fuerte y sus canales muy angostos. Estos saltos se encuentran como a 25 millas arriba del "Bocay"; la profundidad del agua es de 4 a 6 pies; pero más general 4 pies. Caen allí muchas corrientes; las más fuertes se conocen por estos nombres: "Ateicas", "Gasalami", "Laquás" y "Quiguayas", en cuyos puntos los botes trabajan mucho y la navegación es enteramente insegura.

En todas estas 65 millas se abre más y más el valle del río; las serranías son más bajas, y las pequeñas quebradas se comunican a la madre por cañadas angostas. Los demás nombres de las corrientes notables son: "Tamai", "Soganli", "Papar", "Jilis", "Chiminga" y "Ayuan".

Respecto a la población de esta parte del río, debe tomarse en cuenta que por una distancia de 110 millas no hay ninguna, con excepción de unos tres ranchos en la desembocadura del "Bocay", que llevan el mismo nombre, y como media milla más arriba dos o tres ranchitos con el nombre de "Julung" (lo que significa en español nalga ancha). El zambo que vive allí tiene una bonita finca, y un inglés, Stonchover, un corte de hule.

El primer palenque de indios se encuentra 3 a 4 leguas distante de la desembocadura del "Bocay" en el río "Coco". Los indios se hallan en un estado primitivo, desnudos por hábito; son mansos e infelices y viven de la pesca y de la caza.

El río "Bocay", aunque contribuye con mucha agua al río "Coco", sólo es navegable por 3 o 4 millas por donde se hallan sus primeros raudales. Los indios pasan estos puntos con mucha dificultad para llegar a sus hogares. En sus orillas abundan maderas útiles y sus terrenos son adecuados para la siembra de todos los productos tropicales. Sus márgenes son tan altas, que no hay peligro de que las aguas salgan de su cauce.

Desde la desembocadura de las primeras afluencias, tiene la dirección de Suroeste a Nordeste. De este último punto hasta el salto de "Qualatitan", en distancia de 22 millas, tiene el río catorce raudales y corrientes, cinco isletas y le caen diez quebradas grandes y pequeñas al lado izquierdo, por medio de un riachuelo conocido con el nombre de "Quamiquá". Sigue la disminución de las serranías, notándose entre ellas el cerro "Yeluca"; el lecho del río es pedregoso, con 5 a 6 pies de profundidad; pero en los raudales y corrientes sólo hay 2 a 3 pies de agua. Los peores de estos puntos son los raudales "Parcika" y "Quaralan"; el río en este último raudal tiene una anchura extraordinaria y una isla que casi en su totalidad está cubierta de guijarros y, según estoy informado, queda cubierta de agua en el invierno.

El rumbo del río "Coco", desde "Bocay" al cerro "Yeluca" (14 millas), es casi Norte, y de vez en cuando se inclina de 10° a 12° Noreste. De este cerro al raudal "Qualatitan" (cerca de ocho millas) toma otra vez el Noreste. Sus orillas en este trecho son bajas, y como están así expuestas a inundaciones, no se encuentra población alguna.

La distancia de dicho raudal hasta el palenque de indios de los más poblados y conocido bajo el nombre de "Balana" es de 28 a 30 millas, y enteramente inútil para la navegación. Mencionaré los saltos y raudales principales, sin hacer caso de los pequeños, cuyo número es infinito; son, pues: "Qualatitán", "Qualayaná", "Espatiton", "Kihuras", "Tuluquitan", "Tipla", "Gistalquitán", "Keirasa", "Tilba" y "Awawas". Las orillas son medianamente altas, con buenas tierras, y las quebradas traen al río aguas claras y frescas. Las pequeñas poblaciones de los indios en ambas márgenes son: Gualataná, con 4 o 6 ranchos; Krautará, con 8 o 10; Krausike, con 3 o 4; Guardiola, con 2 o 3; y Awawas, al lado izquierdo, con 6 u 8. El palenque Tilba, al lado izquierdo, con 18 o 20 ranchos; Quipipí, con 20 o 22; Paulatará, al lado derecho, con 8 o 10; y al fin de la margen derecha, Balaná, con 25 o 30.

Los habitantes son, en su mayor parte, zambos; viven de la caza y de la pesca; tienen unos pocos árboles y plantas para su sostenimiento, y sólo en Balaná hay 20 o 30 vacas. En los demás pueblecitos y palenques hay el número suficiente de puercos, gallinas y una superabundancia de la raza canina, degenerada ésta hasta su último grado.

Los dos palenques Tilba y Kipipí se han formado por los negros de Belice, que se ocupan en los cortes de madera, por cuenta de la casa inglesa que representa M. Vaughan. Esta casa ha dado y dará mucha importancia al desarrollo de tantos manantiales naturales que brinda este río, sin provecho alguno (hasta ahora) para la humanidad.

Es muy curioso que cabalmente en las orillas del río, o donde está más dificultoso para navegar, se encuentran las posesiones de los indios con más frecuencia, porque debe tenerse presente que el río Coco, desde el salto Qualatitán hasta el pie del Awawas, no puede merecer el título de navegable, ni aun para botes de pequeño porte. Concluyendo así la parte de en medio del río Coco, seguiré con

La parte baja del mismo,

que se extiende desde Balaná hasta la barra en el Atlántico (145 millas, más o menos). El río asume una corriente más arreglada y tranquila; su cauce es arenoso o lodoso, y las márgenes y terrenos van bajando en la misma proporción que su corriente y anchura, en tanto que éste se aproxima al océano. El valle del río va extendiéndose así, y entre poco se convierte en una dilatada llanura, y ya no se encuentran ni cerros ni serranías.

Aunque temo importunar la atención de V. S. con una larga descripción del resultado de nuestros estudios y observaciones, creo necesario seguir el mismo método de dividir esta parte del río en pequeñas secciones, con el fin de formar un juicio más aproximado sobre la naturaleza del mismo y conforme al objeto que el Gobierno se propuso al nombrar la Comisión.

Es la convicción del infrascrito que esta parte del territorio de Nicaragua sea tal vez la más adecuada y accesible para una inmigración, tanto por la feracidad de los terrenos, como porque se encuentra aislada e independiente de las disensiones políticas del interior, que la prohíben absolutamente, y que obligan a los hijos del país y a los extranjeros residentes a buscar otro hogar que les brinde más garantías.

Treinta y cinco millas hay desde "Balaná" hasta el río "Kuasbuc" o al palenque "Buk-Buk". Casi siempre corre al Este; su anchura es de 250 a 300 varas, y su profundidad es de 6 a 8 pies. Sólo dos islas hay en el raudal que lleva el primer nombre, con una corriente en "Kring-Kring" y un remolino en "Buk-Buk". Afluencias de poca importancia son: a la derecha el río "Umbra", "Sang-Sang" y el "Kuasbuc", y a la izquierda el "Kajuní".

Valles y palenques son los siguientes: "Mangros", "Kajuri", "Palenque viejo", "Sulfanac", "Sawza", "Umbra", "Umbra nueva", "Sang-Sang", "Kring-Kring" y "Buk-Buk". Casi todos están a la margen derecha del río, y se componen de 3 a 12 ranchos. Llevo los pormenores de esta materia y otras muy importantes que no he creído oportuno incluir en este informe, temiendo que la demasía y minuciosidad me harían representar el papel de fastidioso.

Desde Buk-Buk hasta Orange, el pueblo más importante del río Coco, hay pocas vueltas, corriendo siempre hacia el Noreste. La distancia entre los dos puntos mencionados es de 62 millas. Ríos de bastante importancia entran al cauce, que tiene sus bordes parejos y a una altura considerable. Entre ellos se encuentra el "Russ-Russ", "Solaletinque", "Limón", "Isalaya" y "Trinhará". Además de éstos hay varias quebradas que sirven de desagüe a algunas lagunas, las cuales, con su sobrante de aguas, aumentan el volumen del río principal.

Los palenques (o Benks, como los llaman los ingleses), en esta parte del río, son muy frecuentes; y en el sinopsis que acompaño, respecto a las poblaciones, encontrará V. S. sus nombres, número de casas y ranchos, y el cálculo aproximado del número de sus habitantes.

De Orange hasta Klopkee (46 millas) el rumbo del río es otra vez más Noreste; sus márgenes son más bajas, y la vegetación de las llanuras adyacentes asume de un todo el carácter tropical; su profundidad tiene un cómputo de 8 a 10 pies, sin que esto sea suficiente para el verano, pues en esta estación se forman muchos bancos de arena, siempre variando, y con canales pequeños para navegarse. Al fin se encuentran en el río Coco la misma naturaleza, las mismas variaciones, las mismas eventualidades y casi los mismos obstáculos que se han observado, por largos estudios, en el río San Juan.

Bien sabido es que el puerto del mismo río tuvo la suerte del de San Juan del Norte, por causa de un abandono entero, por obviar los obstáculos que la Naturaleza misma formó para que la inteligencia y energía humana los vencieran. No hay buque que pueda entrar hasta el río, ni esperanzas de remover la barra.

El cuadro del puerto del "Coco", que lleva el nombre "Cabo de Gracias", y que en tiempos nada remotos tenía ancladas las armadas de las naciones, debiera habérseles presentado a los mandatarios y a los Congresos de Nicaragua veinte años ha (y en cada una de sus sesiones), para que ellos hubiesen evitado semejante calamidad, desperdiciando las ventajas con que la Naturaleza ha dotado a su país.

El lugar llamado "Boom" es impasable por botes pequeños. La velocidad de la corriente es de 180 a 200 pies por minuto, y este trecho del río no tiene ni islas ni afluencias. Seis palenques se encuentran, casi todos a la orilla derecha; entre ellos sobresale uno, que lleva el nombre de "Valle Klopkee", de 35 a 40 ranchos, habitados por zambos, que se dedican a la crianza del ganado y a la agricultura necesaria para su propia alimentación. Cerca de esta parte del río se encuentra una dilatada pampa que se extiende hasta cerca del río "Patuca", encerrando en sí la gran laguna Caratasca, la cual hace su desagüe en el Atlántico.

Llego ahora al último trecho del río "Coco", hasta donde se palpa la influencia de la marea; la distancia de "Klopkee" a la embocadura es de 10 millas, y la dirección del río de Este a Sureste. Sus orillas se mantienen inundadas; de consiguiente, no tienen habitantes. La profundidad del agua es de 12 a 15 pies, aumentándose con la marea 2 pies más, y sólo en la vaciante se observa corriente en el río. Cinco islas hay cerca de la laguna "Gracias", a 5 millas de la embocadura;

la mayor de estas islas está ocupada por el señor Vaughan, con todos sus establecimientos del corte de caoba.

El llamado estero de "Gracias", 4 millas cerca de la embocadura del "Coco", está en conexión con la laguna "Cabo Gracias a Dios", que se encuentra cerca de 3 millas al Sur, separado del mar por una barra, con una entrada únicamente de 10 a 12 varas de ancho, y con 7 u 8 pies de profundidad. Dicha laguna ocupa la superficie de 6 millas cuadradas, próximamente, tiene sólo 15 pies de profundidad, y en otro tiempo fue un buen puerto que tenía su entrada al Sur, por la que en el año de 1840 pasaron buques de mayor tamaño, y a la vez no sólo es tierra firme, sino que está poblado de árboles grandes. A los confines, y hacia el poniente de la laguna, se encuentra la población de Gracias, con más o menos 80 casas y chozas, ocupadas por extranjeros, indios zambos y negros. Con dirección Oeste y Suroeste, siguen grandes pampas muy a propósito para la ganadería.

El palo de pan y de coco se crían allí maravillosamente, sin esmero alguno, lo mismo que la caza y la pesca no dejan qué desear.

LA EMBOCADURA AL ATLÁNTICO

Hay dos brazos principales y una salida pequeña. Los primeros se forman por una isla o cayo que tiene como 3/4 millas de largo y 500 a 1.200 varas de ancho. El señor Vaughan ha construido sobre ella 82 casas formales, que están ocupadas como talleres y viviendas de su extenso negocio de corte de caoba.

La isla está cultivada de gamalote, y cruzada por alamedas de cocos; su margen al Atlántico tiene una muralla formada de los mismos árboles, para hacer frente a las intemperies de la tasca del mar. El lugar es bonito y de importancia. Hacia el lado del río se han hecho grandes palizadas, por el mismo empresario, para conservar la isla a grandes expensas contra la creciente del río.

La salida pequeña queda al frente de la isla grande, en donde se ha formado un banco de arena, durante los últimos cinco años, y ya tiene también de 5 a 8 ranchos.

Los dos brazos principales del delta sólo tienen de cinco a seis pies de profundidad en la barra, lo mismo que la entrada a la laguna de "Gracias", y, de consiguiente, no podrá entrar ningún buque. De suerte que puede calificarse al Cabo de Gracias a Dios una rada, pero nunca un puerto. Así es que los buques encuentran un buen fondeadero de una a dos millas distante de la costa, escudado por un grupo de islas y cayos, que se extiende de 35 a 40 millas desde el propio cabo adentro del mar Caribe, menguando de esta manera la fuerza de los nortes, y siendo una ventaja muy interesante sobre el puerto de San Juan del Norte, que está expuesto al capricho de estos vientos.

He procurado hacer a V. S. un ligero resumen de los trabajos de la expedición, y agrego al presente un mapa del río y un cuadro demostrativo de las poblaciones que se encuentran en sus orillas.

Me compete, pues, hacer un compendio y formar una opinión sobre si es o no practicable la navegación de dicho río, o si pudiera hacerse una vía de comunicaciones al Atlántico por los departamentos septentrionales de la República.

Vapores pequeños de río, calando hasta dos pies y medio de agua, podrían emplearse en toda estación desde su embocadura hasta Balaná (143 millas).

La parte media del río que se extiende desde este último lugar hasta Bocay (cerca de 52 millas) es en su mayor parte enteramente inútil para la navegación, cualquiera que sea; de suerte que debe reponerse por la comunicación por tierra. Esta sería, sin duda, mucho más corta; pero es mi opinión que no podría hacerse por menos de quinientos pesos por milla ($500), con el costo total de veinte a veinticinco mil pesos ($20 a 25.000), sin perjuicio de mantener dicho camino en tal estado que pueda transitarse en todas las estaciones del año.

La tercera división del río, comprendida entre Bocay y el llano Coco (110 millas, próximamente), es sólo navegable por botes pequeños o canoas. Advirtiendo que, aunque en el verano tiene a lo más un cómputo de un pie y medio a dos pies de agua, en el invierno es tal su volumen y la pujanza de su corriente que es inútil pensar que pudiera subirse en aquella estación por embarcaciones de esta clase.

Para formar una carretera desde Bocay al llano, sería preciso seguir el mismo cauce del río, desviándose solamente cuando las grandes serranías obliguen a que se interne el constructor. Tal camino, hasta llegar al "llano Coco", costaría de cuarenta y cinco a cincuenta mil pesos ($45 a 50.000), por lo menos, faltando entonces todavía de

40 a 50 millas para llegar a las primeras villas notables del departamento de Nueva Segovia y Matagalpa, y a la vez dichas distancias son intransitables, aun por mulas, en el invierno.

Si se toma en consideración la importancia de este nuevo camino, respecto a la importación y exportación de los dos departamentos mencionados, es mi opinión, si el asunto se trata sin ilusiones y de una manera práctica, que se necesita el transcurso de algunos años para que deba pensarse seriamente en la apertura de una comunicación que presenta tantas dificultades, y que sólo será conveniente cuando aquellos departamentos hayan doblado diez veces su población: de esta manera se proveerán de todo y exportarán sus productos.

Para lograr tan importante fin, creo interesante y de fácil ejecución que el Gobierno, por medio de contratos o concesiones parciales, halague lo suficiente a una inmigración copiosa en las márgenes del río Coco, en su parte baja. Es de presumirse que esta inmigración se extienda con el tiempo hasta los dos departamentos, y entonces el Gobierno, para satisfacer las necesidades y el desarrollo de aquellos pueblos, se verá obligado a establecer con mayor provecho la comunicación referida.

En razón de haber dedicado parte del tiempo de la expedición a observaciones generales, no he podido disuadirme de que esta región de Nicaragua es la llamada a engrandecerse por medio de lo que propiamente se nomina inmigración. Así es que el señor Ministro de Fomento podrá tomar en consideración las indicaciones que hago, y tanto el Gobierno como el Congreso de la República dictarán las providencias necesarias para lograr la inmigración de hombres que abandonen su patria por formarse mejor suerte en Nicaragua.

Según la lista que acompaño, existen a las orillas del río, entre casas formadas y ranchos, 739, con un cómputo de 3.695 habitantes, más o menos.

LISTA DE LOS PALENQUES Y VALLES DE INDIOS EN LAS ORILLAS DEL RÍO COCO

PALENQUES

PALENQUES	NÚMERO DE CASAS
	3
Bocay	20
Tilba	22
Kipipí	3
King-King	6
Bruk-Bruk	12
Willis	35
Ipritinque	40
Wlas	25
Boom	10
Livinsgkreek	8
Klopkee	8
Barra	87
13	**279**

El número de palenques y valles asciende a cuarenta y ocho, y cada rancho o casa contiene, más o menos, cinco personas; el total de habitantes es, más o menos, 3.695, como dijimos arriba.

El Sr. Vaughan ha puesto ya la piedra angular para una formal inmigración: él tiene trece benks (establecimientos para los cortadores de caoba), en su mayor parte negros de Belize y de la costa Mosquitia. Los treinta y cinco valles están poblados por indios zambos, y unos pocos negros, y sólo en el pueblo de "Gracias" viven algunos extranjeros. La mayor parte de los indios están en su primer estado; son perezosos, al extremo de ser enemigos del trabajo, y sólo pudieran civilizarse por medio de la inmigración, formándoles necesidades y moralizándoles con el cristianismo. De otra manera, y hasta que no se haga esto, seguirán en su salvajismo manso. Esto puede observarse en los indios de la parte baja del río, que han tenido contacto más frecuente con los extranjeros, pues tienen una vida más doméstica y arreglada.

El área del terreno entre el río Coco y la Reserva Mosquitia ocupa casi un grado geográfico; es más grande que el departamento de León o Chinandega, y contiene cuatro veces más tierras magníficas para la agricultura que el departamento de Rivas. De suerte que entre pocos años pudiera producir un sinnúmero de artículos de exportación. Ya me he referido a la abundancia de maderas útiles, y agrego aquí que el palo de algodón y el cacao silvestre se encuentran en grandes proporciones.

Como la exportación de nuestras maderas atrae más de media docena de buques por año que arriban al Cabo, habría una gran facilidad para el transporte de los inmigrantes; el dueño del buque traería gente en vez de lastre, y haría su regreso con productos del país, como con madera, hule, añil, etc.

La temperatura en todo el río Coco tiene un cómputo de 75° en la mañana y en la noche, subiendo hasta 85° al mediodía.

Puede, pues, el Gobierno pensar seriamente en formar un departamento en esta parte del territorio de la República, una vez que se tenga en mira hacerlo, por medio de la inmigración europea o norteamericana. Con ella se palparán bien pronto las ventajas para Segovia y Matagalpa, lo mismo que la civilización de los indios.

Al concluir, me hago el honor de anunciar al señor Ministro que el presente informe sólo doy un sinopsis de mis propios conocimientos, adquiridos durante la expedición, que duró veintiséis días, sin perjuicio de que el señor Senador D. Pío Castellón haga el suyo por separado, ya que no le ha sido posible trabajar el que suscribe en unión de él.

Suplico a V. S. se digne elevarlo al alto conocimiento de S. E. el Presidente de la República. Mientras tanto me firmo con todo respeto su atento servidor,

MAXIMILIANO SONNENSTERN.

Diciembre 24 de 1869.

RANCHOS

VALLE DE INDIOS	NÚMERO DE RANCHOS
1. Julun	3
2. Gaulatana	6
3. Gaulatan	8
4. Krautará	10
5. Krausike	4
6. Guardiola	3
7. Arralwas	6
8. Paulastará	10
9. Balaná	30
10. Mongros	4
11. Kajurá	6
12. Sauza	6
13. Umbra Vieja	5
14. Umbra Nueva	3
15. Sang-Sang	8
16. Russ-Russ	5
17. Swabin	6
18. Luhui	4
19. Ulás	4
20. Mokú	15
21. Mokuapatura	8
22. Uluwas	15
23. Saupuka	20
24. Pilwas	22
25. Loklin	30
26. Wasel	20
27. Tuskrú	5
28. Arayapuro	6
29. Orang	40
30. Livapura	12
31. Lawa	8
32. Livingskreek	7
33. Klopheek	40
34. Pueblo Gracias	80
35	**460**

RELACIÓN de los documentos auténticos, libros y mapas citados en el Alegato que presentan a S. M. el Rey de España, nombrado árbitro en la controversia de límites entre las Repúblicas de Honduras y Nicaragua, los representantes de la República de Honduras, y que son entregados con el mismo Alegato.

DOCUMENTOS

N.° 1.-1888.- Convención de límites celebrada en Duyure el 11 de febrero de 1888 por los representantes de Honduras y Nicaragua, licenciados don Salvador Castrillo y don Alberto Membreño, con la ratificación del Senado y Cámara de Nicaragua.-16 de febrero de 1888.

N.° 2.-1888.- Informe de don Alberto Membreño, comisionado por el Gobierno de Honduras para trazar provisionalmente la línea divisoria con el comisionado por Nicaragua.-16 de febrero de 1888.

N.° 3.-1889.- Convención sobre arbitraje firmada en Managua, entre Ministros de Honduras y de Nicaragua, en 24 de enero de 1889.

N.° 4.-1894.- Tratado sobre límites entre Honduras y Nicaragua, firmado por Plenipotenciarios de ambas Repúblicas, en Tegucigalpa, el 7 de octubre de 1894 y ratificación del mismo por el Congreso de Honduras.-En virtud de este tratado ha sido designado árbitro S. M. el Rey de España, a propuesta del Gobierno de Honduras.

N.° 5.-1840.- Decreto del Gobierno de Nicaragua habilitando el puerto del Coco en el río Segovia, fechado el 28 de diciembre de 1840.

N.° 6.-1844.- Circular expedida a los Gobiernos de "París, Bruselas, Madrid; Prusia, Holanda y Estados Unidos de Norte América" por don Francisco Castellón, ciudadano nicaragüense, Ministro de Honduras y de Nicaragua, con motivo de la usurpación de territorios de estos Estados por fuerzas inglesas de S. M. B., en la que afirma que el límite divisorio está en el cabo de Gracias a Dios.

N.° 7.-1902.- Los Plenipotenciarios de Honduras y de Nicaragua convienen en autorizar a las comisiones de límites respectivas para que se constituyan de nuevo en Comisión mixta.- Amapala, 10 de septiembre de 1902.

N.° 8.-1888.- Despacho del Ministro de Relaciones Exteriores de Honduras, al de Nicaragua, protestando del acto de haber legislado el

Gobierno de Nicaragua sobre el territorio hondureño, que pretende esta República como suyo. 31 de agosto de 1888.

N.° 9.-1745.- Real Cédula fechada en San Ildefonso el 23 de agosto de 1745, en la que se nombra Gobernador y Capitán General de la Provincia de Honduras al coronel don Juan de Vera, y se señalan como límites de su jurisdicción desde donde termina la jurisdicción del Gobernador y Capitán General de la Provincia de Yucatán hasta el Cabo Gracias a Dios.

N.° 10.-1745.- Real Cédula de la misma fecha de la anterior, 23 de agosto de 1745, en la que se nombra al brigadier don Alonso Fernández de Heredia Gobernador y Capitán General de la Provincia de Nicaragua, señalándosele el comienzo de su jurisdicción en el Cabo Gracias a Dios.

N.° 11.-1748.- Título de Gobernador y Capitán General de la Provincia de Honduras de don Pantaleón Ibáñez, por muerte del que lo desempeñaba, don Juan de Vera, 21 de diciembre de 1748. En este título y en los siguientes se mantiene la jurisdicción y privilegios otorgados en el del coronel de Vera.

N.° 12.-1769.- Título de Gobernador de Comayagua a favor de don Bartolomé Pérez Quijano. El Pardo, 20 de enero de 1769.

N.° 13.-1811.- Título de Gobernador-Intendente de Comayagua a don Juan Antonio de Tornos, vacante por renuncia de don Miguel de Castro y Araoz, que se hallaba electo.-Cádiz, 14 de octubre de 1811.

N.° 14.-1817.- Título de Gobernador Político y Militar e Intendente de Nicaragua de don Miguel González Saravia. 9 de octubre de 1817.

N.° 15.-1534.- Capitulación celebrada con Felipe Gutiérrez para la conquista y población de la provincia de Veragua y las costas de Tierra Firme, desde donde se acaban los límites de la Gobernación de Castilla del Oro o Tierra Firme, que fueron dadas a Pedrarias Dávila y Pedro de los Ríos, hasta el Cabo Gracias a Dios.-24 de diciembre de 1534.

N.° 16.-1540.-Capitulación celebrada con Diego Gutiérrez para conquistar las tierras que quedaban en la provincia de Veragua e islas en el paraje de las dichas tierras en el mar del Norte, que no estén conquistadas, que comienzan donde se acaban las 25 leguas en merced a don Luis Colón, de mar a mar hasta el río Grande hacia el poniente del Cabo Camarón, excluyendo 15 leguas antes de llegar a la laguna de Nicaragua, y que las 25 leguas se han de contar desde el río Belén inclusive por un mismo paralelo, hasta la parte occidental de la bahía de Carabaro.-Madrid, 29 de noviembre de 1540.

N.° 17.-1792.-Diligencias matrimoniales seguidas en el Cabo Gracias a Dios, para José Gabriel Falcón, soldado de Infantería, por orden del Vicario General de Comayagua. 31 de enero de 1792.

N.° 18.-Proposición de don Agustín Follin al Gobierno de Honduras para la compra del territorio Mosquito y los que hubiere en la margen oriental del río Romano.

N.° 19.-1866.-Decreto sobre reglamentación de la Mosquitia.-2 de marzo de 1866.

N.° 20.-1868.-Decreto gubernativo estableciendo el Departamento de la Mosquitia.-23 de noviembre de 1868.

N.° 21.-1869.-Decreto legislativo en el que el Congreso aprueba el decreto anterior.-26 de mayo de 1869.

N.° 22.-Lista de documentos del Gobierno Colonial de Honduras, citados en el Alegato, existentes en el Archivo Colonial de Guatemala, razonados todos ellos.

N.° 23.-1787.-Nombramientos: de don José Manuel Caval, Teniente de Ministro de Real Hacienda en la colonia de Río Tinto, 16 de noviembre de 1787; de Intendente a favor de don Tomás Villa, 16 de noviembre de 1787; razón del nombramiento para Comandante del Cabo Gracias a Dios de don Francisco Pérez Brito, 30 de octubre de 1789; nombramiento de don Francisco Salablanca para Comandante de Trujillo, 3 de enero de 1790; de don José de Ariza para Teniente de Ministro de Real Hacienda en el Cabo Gracias a Dios, 5 de febrero de 1791.

N.° 24.-1850.-Instrucciones a don José de Marcoleta, Ministro Plenipotenciario cerca de S. M. la Reina de España.-9 de julio de 1850.

N.° 25.-1805.-Expediente sobre suministrar dos trajes a los comprendidos en la sorpresa que hizo el enemigo en el establecimiento de Río Tinto.

N.° 26.-1794.-Expediente sobre remisión de harinas al Cabo de Gracias a Dios para el socorro de aquellos indios.

N.° 27.-1793.-Expediente de aumento de sueldo a solicitud de Juan Benito de Lago, patrón de las piraguas del Cabo Gracias a Dios.

N.° 28.-1541.-Real Cédula acerca de la competencia suscitada entre el Gobernador de Nicaragua, Rodrigo de Contreras, y Diego Gutiérrez, Gobernador de Veragua y Nueva Cartago, acerca de los derechos sobre el Desaguadero de San Juan.-Talavera, 6 de mayo de 1541.

N.° 29.-1541.-Real Provisión aclarando ciertas dudas suscitadas entre Rodrigo de Contreras, Gobernador de Nicaragua, y Diego Gutiérrez, Gobernador de Veragua y Nueva Cartago, sobre el Desaguadero de San Juan.-Fuensalada, 6 de septiembre de 1541.

N.° 30.-1549.-Título de Gobernador y Capitán General de la Provincia de Veragua (Gobernación de Nueva Cartago) a favor de don Juan Pérez de Cabrera, como sucesor a lo capitulado con Diego Gutiérrez, por cesión de su hijo Pedro Gutiérrez como heredero, y con aprobación del Consejo y de S. M., como se verá por varias cédulas que se incluyen.-Valladolid, 22 de febrero de 1549.

N.° 31.-1559.-Instrucción dada al Lic. Alonso Ortiz Delgueta, Alcalde Mayor de Nicaragua, para que pueda hacer nuevas poblaciones en ciertos territorios comprendidos entre la dicha provincia de Nicaragua, la de Honduras y el llamado Desaguadero de Nicaragua, a la parte del Nombre de Dios y Panamá, entre el mar del Norte y el del Sur.-Toledo, 13 de diciembre de 1559.

N.° 32.-1560.-Real Cédula al Lic. Ortiz Delgueta para que haga guardar orden y ponga justicia en dos pueblos de españoles, llamados la Nueva Salamanca y el Nuevo Jerez, que se encuentran entre las provincias de Nicaragua, Honduras y Veragua.-Madrid, 7 de febrero de 1560.

N.° 33.-1560.-Segunda instrucciónque se dio al Lic. Ortiz Delgueta, Alcalde Mayor de Nicaragua, para la nueva población que se le había mandado que hiciera entre la citada provincia de Nicaragua, Honduras y el llamado Desaguadero.-Toledo, 23 de febrero de 1560.

N.° 34.-1560.-Real Cédula al Presidente de la Audiencia de los Confines, que reside en la ciudad de Santiago, en la provincia de Nicaragua, ordenándole preste toda la ayuda y favor necesario al Lic.

Ortiz, en el descubrimiento y población que le está encomendado.-Toledo, 23 de febrero de 1560.

N.° 35.-1560.-Real Provisión a las Reales Audiencias de los Confines y Perú, y a todos los Gobernadores y Justicias de la Provincia de Nicaragua, para que no consientan entrar en los territorios que están encomendados descubrir y poblar al Lic. Ortiz Delgueta.-Toledo, 23 de febrero de 1560.

N.° 36.-1561.-Real Cédula al Presidente de la Audiencia de los Confines para que el Lic. Cavallón, Oidor de la misma, se encargue de la Alcaldía Mayor de Nicaragua, y descubrimiento que se le confió al Lic. Ortiz Delgueta.-Toledo, 5 de febrero de 1561.

N.° 37.-1561.-Otra Real Cédula al mismo Cavallón ordenándole lo mismo.-Toledo, 5 de febrero de 1561.

N.° 38.-1573.-Capitulación celebrada entre Diego de Artieda y S. M. para la conquista y población de la Gobernación de Costa Rica, desde las bocas del Desaguadero de San Juan hasta los confines de Veragua.-El Pardo, 1 de diciembre de 1573.

N.° 39.-1821.-Reclamación de Fray Gregorio José Orellana, desde Cabo de Gracias a Dios, por sus atrasos.

N.° 40.-1844.-Nota a Lord Aberdeen del Ministro de Honduras y Nicaragua, don Francisco Castellón, en la que se expresa que el límite de Nicaragua es el Cabo Gracias a Dios.-23 de noviembre de 1844.

N.° 41.-1847.-Memoria dirigida por el Ministro de Estado y del despacho de Relaciones de Nicaragua a la Asamblea Constituyente del mismo Estado, en diciembre de 1847, sobre los derechos territoriales del mismo país en la costa del Norte llamada Mosquitos; en ella se hace la misma declaración antes consignada.

N.° 42.-1848.-Circular a los Gobiernos de Europa del Ministro de Relaciones Exteriores de Nicaragua, don S. Salinas, fecha 16 de marzo de 1848, en la que se hace la misma declaración.

N.° 43.-1848.-Manifiesto que el Supremo Director del Estado de Nicaragua hace a los Gobiernos de América respecto al tratado celebrado el 7 de marzo de 1848, entre el inglés Sr. Granville G. Look y los comisionados de aquel Gobierno, en el que consta idéntica manifestación.

N.° 44.-Convenio entre Inglaterra y Nicaragua sobre la costa Mosquitia.

N.° 45.-1869.-Informe del Ingeniero del Gobierno de Nicaragua, Maximiliano Sonnenstern, fechado el 24 de diciembre de 1869, en el que se repite el mismo límite para Nicaragua.

LIBROS

N.° 1.-1894.-Tratado de límites entre Honduras y Nicaragua de 7 de octubre de 1894, con la ratificación original y el acta de canje respectiva, también original.

N.° 2.-1901-1904.-Libro de actas, original, de la comisión mixta de límites. Comprende ocho actas en 32 páginas foliadas.

N.° 3.-1882.-Historia de Nicaragua, por don Tomás Ayón, tomos I y III, edición de 1882 (obra escrita por disposición del Sr. Presidente de Nicaragua). En ella se consignan sus límites en el Cabo Gracias a Dios.

N.° 4.-1873.-Notas geográficas y económicas sobre la República de Nicaragua, obra aprobada por el Gobierno (de Nicaragua), que ha subvencionado su publicación en español, por contrato del 14 de marzo de 1772. En ella se marca el límite de Nicaragua en el Cabo Gracias a Dios.

N.° 5.-1895.-Costa Rica y Costa de Mosquitos, por don Manuel María Peralta.

N.° 6.-1874.-Geografía de Nicaragua, para el uso de las escuelas primarias de la República (de Nicaragua), por Maximiliano V. Sonnenstern.

N.° 7.-1571-1574.-Edición de 1892. Geografía y descripción universal de las Indias, recopiladas por el cosmógrafo-cronista Juan López de Velasco.

N.° 8.-1856.-Apuntamientos sobre Centro-América, por E. G. Squier.

MAPAS

N.° 1.-1671.-Mapa de Nueva España, Nueva Galicia y Guatemala. Nieuve Onbekende Weereld.

N.° 2.-1671.-Mapa de la Ínsula Americana, Océano Septentrional y tierras adyacentes. Nieuve Onbekende Weereld.

N.° 3.-1706.-Mapa de Dominica, Honduras y Nicaragua por Gil González Dávila.

N.º 4.-Mapa de las Indias y Golfo de México.

N.º 5.-1754.-Mapa de las provincias de Tabasco, Chiapa, Verapaz, Guatemala, Honduras y Yucatán, por M. B., Ingeniero de la Marina.

N.º 6.-1754.-Mapa de Nicaragua y Costa Rica por M. B., Ingeniero de la Marina.

N.º 7.-1777.-Mapa del Golfo de México, Islas y Costas adyacentes, por el Dr. Robey Nons.

N.º 8.-1758.-Mapa de las Costas del Mar del Norte y del Sur del reino de Guatemala, por el Ingeniero don Luis Díez Navarro.

N.º 9.-1723.-Mapa de la Costa del Mar del Norte, desde el Golfo Dulce hasta la Boca de Toro, con los ríos que en dicho mar desembocan y pueblos que habitan las provincias de Honduras y Nicaragua. Remitido por don José Rodesmo, Oidor de la Audiencia de Guatemala.

N.º 10.-1770.-Plano geográfico de la Costa y Golfo de Honduras, con las Islas, Canales y Bahías que en ella se comprenden.

N.º 11.-1776.-Plano geográfico de la Mar. Parte del reino de Guatemala que empieza desde la misma ciudad mirando hacia el Norte; y comprende por la parte del Mar del Sur, las provincias de Guaracapan, San Salvador, parte de la de Nicaragua y toda la de Costa Rica hasta el río Vonica, que es donde empieza el reino de Tierra Firme. Por la parte del Norte se ve la provincia de Honduras, Verapaz, Segovia y Tologalpa (que poseen zambos e indios mosquitos), y remata por esta parte de la Costa la provincia de Cartago. Asimismo se incluye, por la parte del Norte, la provincia de Tabasco, que pertenece al Gobierno de México, y la de Yucatán, a su Gobernador separado. Por Luis Díez Navarro.

N.º 12.-1776.-Mapa que comprende a Honduras y parte de Veracruz, comenzando desde el río Tupilco hasta Gutiérrez; pero el fin principal es manifestar los bajos, arrecifes y quebrados que hay desde Cabo Gatoche hasta Punta de Hicacos y desde allí hasta la boca del Golfo Dulce. Por Joaquín del Castillo.

N.º 13.-1777.-Mapa de la costa de Honduras, comenzando en la de Campeche por la Vigía de Santa Clara, por José Estévez Sierra.

N.º 14.-1777.-Mapa de los establecimientos que hay desde el Escudo de Veragua hasta Honduras, por John Clapp.

N.º 15.-1854.-Mapa de Honduras y San Salvador, por B. y E. G. Squier.

N.º 16.-Mapa de América Central.

N.º 17.-1856.-Mapa de América Central, por John Baily.

N.º 18.-Mapa del Norte, Centro y Suramérica, con sus líneas de comunicación.

N.º 19.-Mapa de la provincia de Mosquitia y departamento de Olancho, en Honduras, por Perry Grant.

N.º 20.-1883.-Mapa de West Indies. Western Shore of the Caribbean Sea from Serrana Bank to Chinchorro Bank. British Surveys.

N.º 21.-1884-85.-Mapa de las líneas de transporte tributarias e intereses comerciales de Nueva Orleans, preparado para la Bolsa Mercantil Mexicana, Centro y Suramericana.-M. F. Dunn & Bro.

N.º 22.-1786.-Mapa de la costa de Mosquitos remitido por el Marqués del Campo.

N.º 23.-Mapa de Costa Rica, Nicaragua y Panamá, por Justus Perthus, en el Almanaque Gotha.

N.º 24.-1895.-Mapa de Nicaragua por Maximiliano Sonnenstern.

N.º 25.-Mapa de América Central, por Colton, Ohman y Cía., Nueva York.

N.º 26.-Mapa de la República de Nicaragua, por L. Robelin, geógrafo.

N.º 27.-1901.-Plano de la línea divisoria entre Honduras y Nicaragua, correspondiente al acta V de la comisión mixta de límites, Danlí, julio de 1901, por don Pedro Bustillo y don Constantino Fiallos. Tegucigalpa, 19 de agosto de 1901.

N.º 28.-1856.-Mapa de América Central, por E. G. Squier.

N.º 29.-1750.-Mapa del Reino de Guatemala y provincia de Yucatán, por Robert de Vaugondy.

Madrid, 20 de marzo de 1905.

Recibí: Entregué:

(f) El Marqués de Herrera.   (f) Antonio A. Ramírez F. Fontecha.

(L. S.) Ministerio de Estado. (L. S.) "Agencia especial de Honduras."

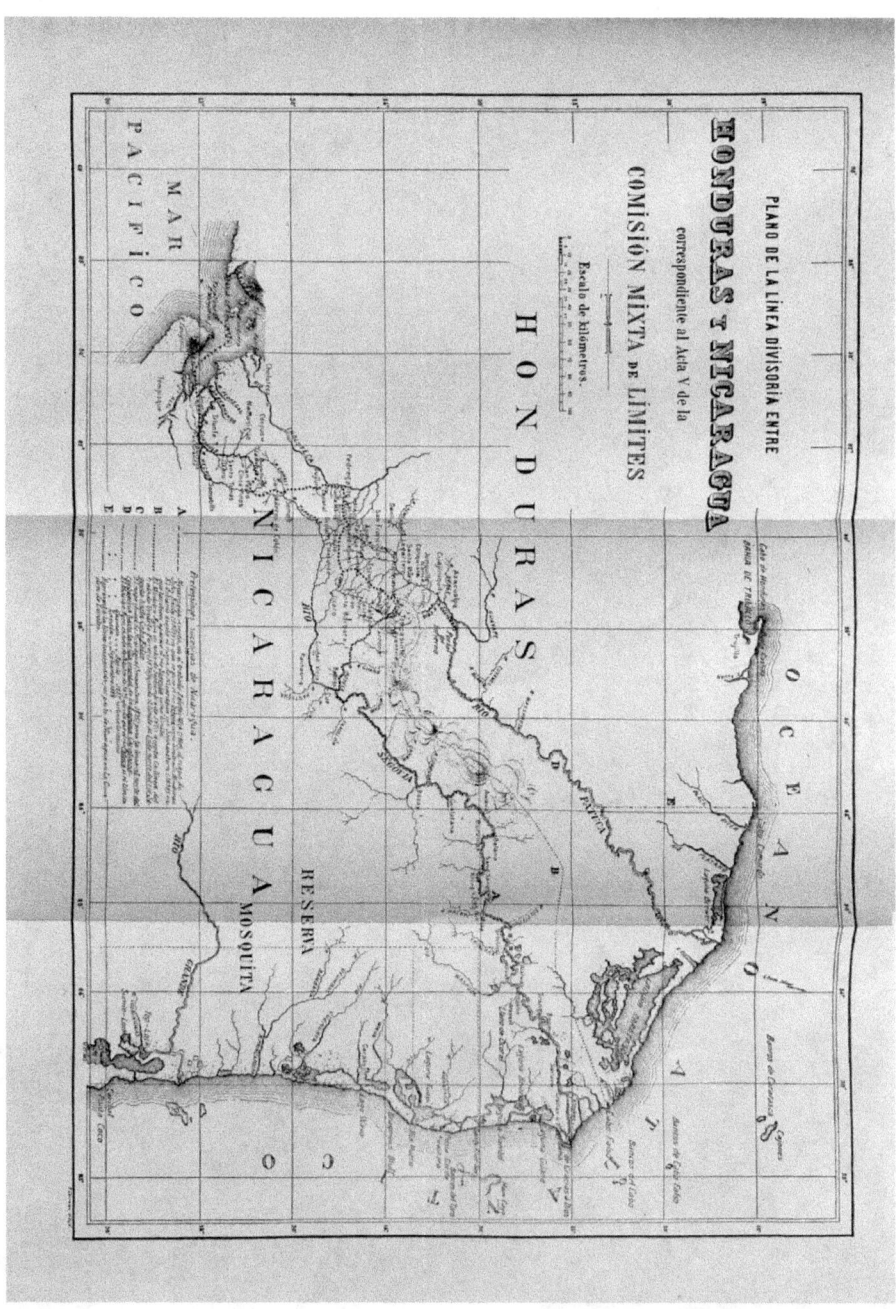

181

CONTENIDO

www.ingramcontent.com/pod-product-compliance
Lightning Source LLC
Chambersburg PA
CBHW070703130626
46553CB00005B/1819